L'écriture créative

Groupe Eyrolles
61, bd Saint-Germain
75240 Paris Cedex 05

www.editions-eyrolles.com

Dans la collection Les ateliers d'écriture, chez le même éditeur :

Alain Bellet, *Écrire un roman policier et se faire publier*

Franck Haro, *Écrire un scénario pour le cinéma*

Patrick Jusseaux, *Écrire un discours*

Bob Mayer, *Écrire un roman et se faire publier*

Marianne Mazars, *Écrire ses mémoires*

Mireille Pochard, *Écrire une nouvelle et se faire publier*

Michèle Resso, *Écrire pour le théâtre*

Faly Stachak, *Écrire, un plaisir à la portée de tous*

© Groupe Eyrolles, 2010
ISBN : 978-2-212-54517-3

Josette Carpentier

L'écriture créative

80 exercices pour libérer sa plume et oser écrire !

EYROLLES

Remerciements

Dans ma vie, il y a des personnes fantastiques qui se retrouvent parfois personnages dans mes scribulettes. Je voudrais leur rendre hommage ici.

Merci à l'homme qui partage la seconde partie de ma vie pour sa patience et sa douce bonté au quotidien, des repères stables pour moi durant la période d'élaboration de ce livre.

Merci à mes trois grands enfants, les trois belles racines de mon âme, pour leur affection et leurs commentaires judicieux à propos de mes écrits.

Merci à Marianne pour ses relectures d'une extrême clairvoyance.

Merci à mes deux petits-fils, dont les jeunes vies illuminent la mienne.

Merci à Anne-Marie Jobin qui m'a révélé des aspects très profonds du *Journal créatif*[1].

Merci à Marie-Christine, Patricia, Christiane, Nicole, Michel, Myriam, Richard, Bernard et tous les autres auxquels je pense. Se doutent-ils, ne serait-ce qu'un peu, de ce qu'ils m'ont apporté ?

Merci aux participants de mes ateliers d'écriture pour leur magnifique travail plumitif, sans lequel ce livre n'aurait aucune raison d'être.

---

1. Voir en bibliographie.

Merci enfin à ma plume, personnalité phare de ma vie, pour sa fidélité et son souci de me faire dire sur papier le plus juste de tout ce qui m'habite.

Préface

J'ai rencontré Josette Carpentier en 2007 à Mont-Laurier, une petite ville à trois heures au nord de Montréal où chaque été je donne des ateliers d'écriture et de journal créatif. J'étais un peu curieuse à son sujet : qui était cette femme qui avait fait tout ce chemin pour passer une semaine avec moi ?

Josette prit place dans la salle de classe de façon plutôt discrète. Nous échangeâmes quelques mots et l'atelier débuta. Le groupe était chaleureux, l'ambiance était bonne, et tout doucement, graduellement, je découvris un peu plus Josette Carpentier. Après deux jours à peine, j'étais séduite. Presque chaque matin, elle nous régalait de ses aventures québécoises, tentant de s'habituer à notre accent et à tous ces mots nouveaux, ce qui lui valut quelques histoires fort divertissantes. Son humour me charmait, et les textes qu'elle nous partageait en classe en étaient chargés. Mais ceux-ci n'étaient pas que légers, ils traitaient avec finesse et sensibilité de ses expériences, de ses perceptions, de sa vision des choses et de la vie. Sa façon d'écrire m'apparaissait colorée et chaleureuse, mais aussi très humaine et sensible.

Quand j'ai appris que Josette allait poursuivre sa formation avec moi lors de mon séjour en Belgique l'année d'après, j'étais ravie de savoir que j'allais la retrouver, mais aussi que je pourrais à nouveau goûter à ses créations. Quand elle m'a présenté son livre, c'est avec grand plaisir que j'ai accepté de le parcourir et, dès les premières pages, j'ai retrouvé tout ce que j'aimais d'elle : la finesse de son style, son savoureux choix de mots, sa sensibilité et son humour. Mais je découvrais aussi autre chose : une approche fraîche et originale de l'atelier d'écriture ainsi que son profond respect dans ce processus pour l'unicité de chacun.

Le livre que vous tenez entre les mains est un vrai trésor d'invitations à écrire, à vous exprimer et à vous découvrir. Avec douceur et respect, Josette Carpentier vous convie à des explorations variées et colorées, tout en amenant de nouvelles façons de travailler, s'inspirant notamment de notions de PNL (Programmation Neuro-Linguistique) pour assurer la gestion des émotions qui pourraient surgir lors de certains exercices ou pour favoriser l'ancrage de ressentis positifs. Les invitations à écrire sont ponctuées de *scribulettes* inspirantes, où l'on sent tout le plaisir qu'elle a à laisser sa plume chatouiller le papier.

Pour moi, écrire de façon créative c'est travailler par le médium de l'écriture à éveiller le vivant en soi, et Josette Carpentier y parvient avec brio. Non seulement on sent la vie pétiller gaiement dans ses *scribulettes*, mais on sent aussi tous les soins qu'elle met à nous conseiller, afin que la vie s'éveille également en nous, lecteurs et amoureux des mots. Ses invitations sont comme des poussées amicales, c'est comme si elle se tenait derrière nous, nous encourageant à essayer, à plonger, à oser, et ce sans jamais porter de jugement sur nous ou notre travail. Ce soutien à l'action, doublé de cet accueil inconditionnel de la personne sont à mon avis des ingrédients de base d'une créativité saine et épanouie.

Que vous écriviez pour le simple plaisir de cette activité, que vous vouliez explorer le monde infini de votre vie intérieure ou que vous animiez des ateliers d'écriture, ce livre éveillera la créativité de votre écriture et vous guidera, en toute simplicité, vers le meilleur de vous-même.

Anne-Marie Jobin
art-thérapeute et auteure du livre *Le Journal créatif*[1]

---

1. Voir en bibliographie.

Introduction

Lectrice, lecteur,

Vous allez lire mes « scribulettes » et vous allez vous-même en composer de votre propre cru. Mais que signifie ce nom étrange pour lequel le dictionnaire reste muet ? La première partie du mot, « scrib », comme dans « scribe », nous renvoie à la personne qui écrit. Le suffixe « ette » indique qu'il s'agit de textes brefs. Et la partie centrale du nom, « bul », m'est venue toute seule comme une évidence. Ces petits écrits, extraits de vie ou fictions créatives sortent de nous avec effort ou légèreté, montent dans l'air tiède et se dispersent sous l'effet de la brise comme des bulles, transporteuses des pièces de notre puzzle personnel. Elles vont parfois, ces scribulettes, nourrir d'autres personnes. Et il arrive souvent qu'après avoir séjourné un peu à l'extérieur de nous, elles nous reviennent, porteuses de messages, de nouvelles forces, de sens et de mieux-être.

Mes expressions de plume dans le livre sont accompagnées de propositions d'écriture et d'indications concrètes stimulantes pour que vous osiez, vous aussi, libérer votre créativité et vous ouvrir des portes, loin de tout système scolaire ou littéraire.

J'ai composé mes petits textes, à divers moments de mon parcours personnel et professionnel – j'ai enseigné le français à des adolescents pendant de nombreuses années – avec tout mon être vivant, tête, cœur, corps et âme, selon mes envies et mes besoins, mes éclats de rire et mes chagrins. J'ai résolu des difficultés de vie par ma plume. J'ai aussi recadré des faits passés. J'ai voyagé dans l'espace et dans le temps. J'ai écouté, donné et reçu. Je me suis formée et informée.

Je me suis enthousiasmée pour l'écriture créative et ai participé à de nombreux stages en ce domaine. La relation avec les adolescents en milieu scolaire m'a aussi incitée à chercher à mieux comprendre qui sont ces jeunes et qui je suis. C'est tout le monde du développement personnel qui s'est alors ouvert à moi. Je me suis notamment spécialisée en Programmation-Neuro-Linguistique (PNL).

Et ce n'est pas fini ! J'apprends encore et toujours. J'ai participé, entre autres, aux formations d'Anne-Marie Jobin (Québec), intervenante sociale et art-thérapeute qui propose un outil magnifique de connaissance de soi et de créativité : *Le Journal créatif*[1]. Cette approche – qui a été reprise dans le livre du même nom – marie harmonieusement l'écriture au dessin et à toutes sortes d'autres techniques complémentaires : dessin à la main non dominante (la gauche pour les droitiers), collages de mots et d'images, dialogues avec une partie de soi ou un guide, etc.

Aujourd'hui, je partage ma passion avec d'autres personnes. J'anime régulièrement des ateliers d'écriture créative que j'ai baptisés les « ateliers d'Écrévolutions ». Par ce mot inventé, j'exprime ce que je crois profondément : écrire est une façon d'évoluer. Les ateliers d'Écrévolutions sont destinés à celles et ceux qui ont envie de se sentir bien, de se sentir mieux par l'écriture. Et même si les écrivants ne souhaitent pas déboutonner leur cœur, ils peuvent produire de très beaux textes créatifs. Susciter le désir de s'exprimer par les mots (je les adore). Inviter chacune et chacun à laisser émerger ses ressources en toute simplicité. Avec un thème et des propositions aidantes, faire couler l'encre de ce qui veut se dire. Voilà ce que j'aime mettre en place dans mes ateliers. Rien de ce qui vient à la plume n'est du vent. Chaque travail de plume est joyau.

____

1. Voir en bibliographie.

À l'aide des suggestions faites dans ce livre et en fonction de ce qui vous convient, vous allez, vous aussi, mettre sur papier des petits bouts de votre vie, par fragments, tels qu'ils vous viennent. Parfois vous choisirez comme narrateur le « il » ou le « elle », plutôt que le « je ». Vous changerez de lieu. Vous aimerez peut-être rédiger au passé. Pour le dépasser. Vous mêlerez aussi à ces traces de vous des aspects plus fictifs, issus de votre imaginaire, des « il était une fois ». Laissez votre plume faire ses choix. Expérimentez des sujets, des façons de faire.

Je ne prétends pas que l'écriture créative soit une voie royale ou unique pour l'évolution personnelle et le bien-être. C'est mon chemin privilégié, c'est tout. Et si l'écriture ne vous semble pas toujours le mode d'expression le plus adapté, libre à vous de recourir à la sculpture, à la musique, à la danse ou aux pinceaux. Par le biais de l'écriture et de diverses techniques utilisées en développement personnel (relaxation, PNL…), ce livre n'a en effet d'autre visée que de vous (re)connecter à votre propre créativité, et par là même à votre propre profondeur.

Je vous souhaite une belle lecture et que votre plume – la coquine, elle est magique – vous envoie des démangeaisons d'écriture au bout des doigts.

Comment vous orienter dans ce livre

La démarche progressive

La démarche progressive se pratique au fil des pages. Vous lisez les scribulettes de chaque rubrique dans l'ordre prévu, vous prenez connaissance des encadrés, vous suivez les propositions d'écriture.

Évidemment, vous vous accordez le temps voulu pour assimiler ce qui est nouveau. Vous faites des paliers de digestion, de la roue libre, du surplace et des retours en arrière chaque fois que vous croyez que c'est bon pour vous.

Quand une proposition d'écriture ne vous plaît pas, vous ne forcez pas. Demain est un autre jour, qui sait, plus favorable.

La démarche vagabonde

Vous vous orientez dans le livre selon votre bon plaisir, vos états d'âme ou vos humeurs. Vous pouvez, par exemple, décider d'écrire ce qui est proposé après la scribulette intitulée *La Tarzane* (p. 63), parce que vous êtes dans ce type de ressenti-là, avant de vous lancer dans la suggestion faite à la scribulette *Naissance* (p. 52).

N'hésitez pas à ouvrir l'ouvrage à n'importe quelle page pour y découvrir une sorte de scribulette du jour, celle à partir de laquelle vous allez rédiger un texte personnel en vous écartant peut-être de mes propositions d'écriture.

Envie de commencer par l'étape *Raconter vos histoires et des histoires (auto)-aidantes* (p. 55) parce que vous avez le projet de rédiger un conte à l'occasion d'une naissance ? Pourquoi pas !

La démarche plume timide

Si vous vous sentez la plume timide, je vous invite à commencer par lire tout simplement quelques scribulettes, crayon à la main, en étant bien connecté à vous-même. Soulignez des mots qui vous plaisent ou vous étonnent, l'une ou l'autre phrase qui vous paraît juste ou aidante.

Recopiez vos trouvailles dans un simple carnet. Pourquoi un carnet ? Pour le petit format qui sécurise car il sous-entend qu'on ne va pas écrire des longueurs.

Envie d'associer une couleur à votre ressenti à la lecture de tel ou tel texte ? Inscrivez vos mots recopiés avec un crayon de ce ton.

Laissez émerger aussi quelques mots bien à vous, à chaque notation d'extraits de scribulettes dans le carnet. Laissez se faire tranquillement le lien entre votre lecture, les émotions qui y correspondent et la mise en appétit de votre plume.

Éventuellement, réservez la page de gauche pour les extraits du livre et celle de droite pour votre écriture personnelle.

Envie de fusionner ? De tisser vos mots avec les miens ? Quelle belle expérience ! Osez vos libertés.

Une tache de couleur, quelques traits ou un dessin vous apparaissent comme un chemin évident après une lecture de texte ? Tracez-les dans le carnet afin d'apprivoiser votre plume timide. Elle réagira au soleil noir que vous venez de dessiner ou aux formes hérissées sur votre page. Et il lui viendra une phrase ou quelques lignes très justes, très vous.

Peu à peu, vous vous sentirez capable de démarrer sans trop réfléchir à partir d'un petit rien de la vie. Ayez confiance dans le processus. Vous allez retrouver des outils longtemps laissés dans leur boîte.

En route vers l'écriture

Cherchez les conditions optimales dans lesquelles s'épanouira votre envie d'écrire. Préparez votre matériel, créez l'ambiance propice, donnez-vous respect et bienveillance. Voyons tout ça !

Vous procurer plume et cahier

Bon nombre d'écrivants optent pour un grand cahier où ils peuvent se déployer à l'aise. Certains choisissent un classeur ou un carnet de belles dimensions, à spirales. Les feuilles volantes sont déconseillées car elles induisent un vilain : « Ce que j'exprime sur la page blanche ne vaut pas grand-chose » et elles aboutissent un jour dans la poubelle. Si vous vous sentez timide, choisissez un carnet de petit format dont les limites sont plus rassurantes. Vous irez vers les grandes pages quand vous aurez dérouillé votre plume. Testez si vous le souhaitez les cahiers sans marges et sans lignes, qui vous laissent très libre d'occuper l'espace à votre guise.

Quant au choix de l'instrument, laissez-vous guider par le confort, le gratter-glisser idéal que l'un ou l'autre stylo, feutre ou stylo à bille vous procure.

Au fil du temps, vous tisserez peut-être un lien amical avec ces deux compagnons de route, et au moment de mettre votre plume en mouvement, vous aurez envie de caresser la page blanche prête à accueillir vos élans.

Vous poser

Cherchez un endroit tranquille où vous pouvez vous accorder du temps sans être dérangé. Désactivez votre téléphone portable et le téléphone fixe aussi, tant qu'à faire !

Quelques bougies, des huiles essentielles, une musique douce, votre bol préféré rempli d'un breuvage réconfortant… Faites-vous plaisir, choyez en vous la flamme créative.

Glisser vers votre source suppose une disponibilité, un état de calme intérieur. Si nécessaire, passez un moment à vous relaxer. Utilisez l'outil « La relaxation », p. 14.

Si vous participez à des ateliers, apportez à chaque séance le matériel de base, boisson éventuelle et petite collation confort.

Certaines personnes ouvrent leur cahier dans des lieux publics, par exemple des bistrots où elles se sentent bien et inspirées. À vous de voir, d'être attentif à vos conditions de bien-être.

Vous écouter et vous entendre

Toutes les indications ci-dessus vous amènent à vous prendre en compte, à vous intéresser à l'enfant en vous qui frissonne, qui n'a pas envie ou qui hésite. On écrit avec ce que l'on est : un être humain capable de s'écouter et donc de s'entendre. C'est tout un travail, c'est vrai, qui passe immanquablement par ce respect de soi. Certains jours, vous aurez besoin d'écrire plus ou d'écrire moins, de pleurer un peu, de ricaner ou de sourire avec tendresse. Écoutez ces passages-là en vous, dites-les sur papier si vous le souhaitez. Et parfois, vous respecter, ce sera essayer un chemin de traverse où vous n'étiez jamais allé.

Pas d'autofouet

Soyez bienveillant envers vous-même. Lâchez votre autofouet et baissez le son de votre voix critique.

Relisez-vous calmement, surtout si vous débutez. Faites éventuellement une petite retouche. Dans ce cas, il est parfois bon de laisser le texte reposer quelques jours avant de le reprendre. Un peu de recul ouvre d'autres possibles. Remanier un premier jet est une démarche qui peut être bénéfique : vous n'étiez pas allé jusqu'au bout de l'histoire, vous n'aimez pas un mot, là, à la troisième ligne, ou bien la dernière phrase ne vous convient pas. Changez ce que vous voulez, si vous le voulez. Et si vous préférez ne rien modifier afin de rester spontané, c'est votre choix et c'est très bien ainsi.

Enfin, pour votre confort, ne vous comparez pas à d'autres adeptes de l'écriture ! Vous êtes là, présent, avec vos atouts à vous. Oubliez l'école, le bic rouge du professeur et les « peut mieux faire ». Utilisez l'outil « Vous libérer de vos peurs », p. 106.

Ayez confiance, ce livre fait route avec vous.

Vous ouvrir à l'écriture

C'est la plume qui cause !

Par la plume, souvent devenue stylo-bille, exprimez ce que vous voyez et entendez, ce que vous avez savouré, ce que vous avez touché et ce qui vous a touché.

Partez à l'aventure, allez vers ce qui vient. Pas de « mais… ! »

La relaxation

Vous avez envie d'écrire, vous avez décidé de le faire maintenant. Vous vous êtes peut-être isolé, porte de votre bureau ou de votre chambre fermée, les enfants sont au lit. Vous vous réjouissez de ce bon moment que vous allez passer avec vous-même. Et voilà, rien ne vient. Les pensées voltigent autour de vous, l'électricien à rappeler demain sans faute, le rhume d'un de vos rejetons ne guérit pas, j'en passe et des meilleures. Si vous avez choisi d'écrire en atelier, vous avez conduit votre bambin chez sa mamy, mais vous avez oublié de signaler qu'il doit prendre une cuillerée de sirop antitussif au moment du goûter. Vous débarquez tendu comme un arc à l'endroit où se déroule l'activité d'écriture.

Il est évident que se mettre à libérer un flux de mots et de phrases ne se fait pas d'un claquement de doigts. Certaines personnes utilisent parfois l'énergie de leur stress ou de leur colère au moment d'écrire. Elles produisent des textes forts qui, disent-elles, leur font du bien. C'est aussi une façon d'écrire. Chacun trouve ses voies d'entrée en écriture. Nous sommes tous différents.

Quelques pistes

Si vous souhaitez produire un texte dans un état de calme, en contact avec des ressources grandes ouvertes, je vous suggère de vous déposer en vous, d'évacuer vos tensions, de laisser votre être respirer et souffler un peu. Aménagez un état séparateur entre la vie agitée et le mouvement de la plume sur le papier.

Un peu de relaxation les yeux fermés peut vous aider. Ce temps apparemment perdu sera en fait bénéfique, et donc largement récupéré par la suite. Il existe de nombreux livres, CD et DVD de relaxation dans le commerce. Si vous n'en possédez pas, voici une façon de faire parmi d'autres.

Vous pouvez vivre cette détente en position assise, bras le long du corps, relâchés, et jambes non croisées :

- Commencez par fermer les yeux et respirez tranquillement.
- Détendez votre front comme si vous vouliez le défroisser, relâchez un peu vos mâchoires et laissez la langue reposer souplement contre votre palais.

- Centrez votre attention sur l'air qui sort par vos narines. Laissez s'installer un rythme respiratoire naturel, ne forcez pas. Si des pensées se présentent, laissez-les passer, sans vous crisper.

- Imaginez qu'à chaque expiration, le stress et les tensions s'évacuent par l'extrémité de vos doigts et de vos orteils. Prenez le temps de vivre cela.

- Donnez maintenant toute votre attention à vos inspirations. Elles vont chercher dans l'air frais ce qui est bon pour vous, pour votre sérénité et votre énergie. Profitez longuement de ces sensations-là.

- Vous pouvez placer une main sur votre cœur pour vivre ce moment, de manière à établir un contact conscient avec vous-même.

- Lorsque vous vous sentez détendu, ouvrez doucement les yeux, remuez un peu les mains et les pieds, reprenez contact avec l'environnement.

En pratique

Exercez-vous à partir de la scribulette *Ma burette*, p. 25.

Écrire en atelier ou en groupe

Il existe de nombreux ateliers d'écriture à l'heure actuelle. Certains ont des visées plutôt littéraires, d'autres ciblent davantage le développement personnel. À vous de les tester puis de choisir celui qui vous convient.

Les explications qui suivent concernent plus particulièrement les ateliers d'écriture Écrévolutions (écriture/créativité/évolutions) que j'anime.

Pourquoi des ateliers d'Écrévolutions ?

Les ateliers d'Écrévolutions (www.ecrevolutions.be) ont pour but de permettre aux personnes qui le souhaitent de coucher sur papier leur réalité, leur monde intérieur et leur imaginaire. S'ils vivent un moment de vie difficile, les participants découvrent parfois, en se reconnectant à leur voix écrite, juste et belle, un passage à gué vers une autre voie.

Thèmes pour l'écriture

«Parcours de femmes», «Escales en liberté», «Sur le chemin des rencontres», «Écrire avec la confiance» sont quelques exemples parmi de nombreux thèmes d'ateliers.

La mise en route de l'écriture de chacune et chacun est facilitée par des incitants extérieurs : musique, lecture, photo, objet, promenade, relaxation, collage, phrase déclencheur font office de libérateurs de créativité. Utilisez l'outil «Libérateurs de créativité», p. 32.

Lecture des textes écrits et effets positifs du groupe

La variété des textes, écrits puis lus oralement en atelier, débloque les créativités à ressourcer. Ces lectures orales sont des moments magiques d'appropriation et d'intégration des compétences par la découverte de la créativité des autres.

Oui, les écrits donnés à entendre sont des décoinceurs majeurs, irremplaçables, qui rendent souvent toute théorie inutile. Chacune et chacun participe par sa production personnelle à l'ouverture de la créativité dans le groupe. Sans esbroufe, sans référence à des savoirs qu'on aurait loupés à l'école. Rien qu'en laissant chaque texte nous toucher et faire mouche.

Ces lectures ne sont profitables et intégrantes que si les écrivants sont dans le non-jugement et la bienveillance envers eux-mêmes. L'impression de nullitude ainsi que les comparaisons désavantageuses vis-à-vis de soi par rapport aux autres entraînent inévitablement le découragement, la crainte et un profond mal-être. Acceptez d'écrire avec vos caractéristiques personnelles. Utilisez l'outil «Vous libérer de vos peurs», p. 106.

Développez le sentiment d'appartenance au groupe, acceptez d'évoluer en écriture et dans votre croissance personnelle, à la fois ensemble et chacun pour soi, de façon à vous sentir bien. En atelier d'écriture, les talents s'acquièrent, se transfèrent, font des ricochets et des ronds dans l'eau. En écriture, sans cesse, on donne et on reçoit.

Écrire à plusieurs hors atelier

En famille ou avec des amis, il est évidemment possible de s'adonner à l'écriture sans participer à un atelier. Cette façon de faire se répand et est bien sympathique. La joie d'être ensemble, les propositions d'écriture spontanément énoncées selon ce qui se vit à ce moment-là permettent de lâcher la pression et de renforcer les liens. Parfois, des ami(e)s se font ainsi confiance et après avoir écrit s'écoutent l'un(e) l'autre.

En pratique

Exercez-vous à partir des scribulettes *Libre*, p. 23 et *Étoiles de cœur pour la route*, p. 26.

Lire votre texte à haute voix

Si vous écrivez seul, il peut être intéressant de lire votre écrit à haute voix pour une personne de confiance, pour vous-même ou les petits oiseaux. Et si vous écrivez en atelier, il vous sera sans doute souvent proposé de lire vos textes aux autres.

Pourquoi lire à haute voix un texte écrit ?

Pour donner votre voix à entendre aux autres personnes présentes. Pour vous entendre vous-même. Pour laisser votre écriture se dire. Pour la laisser résonner ou se dissoudre dans l'air et ressentir l'effet produit. Faites vos expériences de lecture orale dans les limites qui vous conviennent, en vous respectant.

Gérer le stress et les émotions

Le fait de laisser sortir de soi, par la bouche, les mots écrits n'est pas anodin. Souvent, les émotions se pointent et vous envoient dans la voix des trémolos non souhaités.

La PNL (Programmation Neuro-Linguistique) peut vous être utile dans cette situation. Lorsque vous levez les yeux, autrement dit lorsque vous tournez les globes oculaires vers le haut, vous les placez dans un processus visuel : vous préparez vos yeux à voir mentalement une image. Dans ce cas, les émotions se diluent. Répétez aussi souvent qu'il est nécessaire ce mouvement des globes oculaires vers le haut pour gérer la difficulté à lire calmement votre écrit[1]. Vous pouvez également favoriser la détente par quelques respirations lentes et profondes ou un peu de relaxation. Utilisez l'outil «La relaxation», p. 14.

Lire de diverses façons

Il y a plusieurs façons de faire une lecture orale. Vous pourrez en expérimenter les effets, tant sur vous-même que sur vos auditeurs ou sur la personne de confiance que vous avez choisie.

---

1. Pour une découverte de la PNL, voir en bibliographie le livre, *La PNL*, par Antoni Girod. Pour la compréhension des mouvements oculaires, voir en bibliographie, *Derrière la Magie. La Programmation Neuro-Linguistique,* par Alain Cayrol et Josiane de Saint Paul.

>

La voix :

- Une voix claire, puissante, aiguë ou grave ;
- Une voix chuchotée, confidentielle ;
- Une voix aux intonations de joie, colère, tristesse ou naïveté, qui influence celui qui écoute, le fait rire ou l'émeut ;
- Un ton neutre, de peu d'effets, laissant votre auditeur libre de ses interprétations ;
- Quelques mots dits plus haut ou plus bas, ou de manière martelée en détachant les syllabes.
- Le débit :
- Un débit tantôt lent ou rapide ;
- Un débit uniforme ;
- Un débit entrecoupé de pauses plus ou moins longues.

Après la lecture de votre texte, prenez le temps de faire le point. Quelles différences observez-vous par rapport à la lecture mentale ? Qu'est-ce que cela développe comme compétences en vous ? Quel effet cela vous fait-il de vous être entendu lire ?

En pratique

Exercez-vous à partir des scribulettes *Solitude glacée*, p. 23, *Libre*, p. 23, *L'empereur Cherchesens*, p. 65, *Une orange magnifique*, p. 79.

Empiler vos succès

Vous avez écrit! Quelle belle scribulette! Sentez-vous fier! Exprimez votre joie d'avoir réussi ce qui n'était pas gagné d'avance. Vous êtes capable, plein de ressources. Youpi!

«Oui mais», vous susurre, mielleuse, votre sempiternelle voix intérieure, «la fois prochaine, on verra. Il ne faut pas fanfaronner!» Et patatras, vous voilà déstabilisé et bancal.

Pourtant vous pouvez engranger vos réussites et vous y référer pour réussir encore. La PNL (Programmation Neuro-Linguistique) vous propose, entre autres, la technique de l'ancrage[1].

Comment procéder?

- Identifiez l'état désiré : il s'agit ici de disposer d'une bonne confiance en vous pour avoir accès facilement à vos compétences et vos ressources de plume.

- En état de relaxation, revivez en vous la situation très positive de votre réussite d'écriture créative : voyez-vous écrire, entendez votre voix qui lit le texte, les mots de l'histoire, et ressentez votre grand bonheur de ce moment. Allez le plus loin possible dans ce ressenti agréable.

- Lorsque vous avez atteint ce qui vous semble être l'intensité maximale de cette sensation, effectuez un geste ou/et une pression sur une partie du corps qui vous convient, main, oreille, épaule… et prononcez mentalement un mot ou une formule courte reliée pour vous à cette victoire (Youpi, Bravo mon grand, Yes chérie, ou autre).

- Lorsque vous êtes en manque de confiance, déconnecté de votre source créative, activez votre ancre : mot et geste ou pression. Ce stimulus vous replacera dans l'état d'excellence que vous avez connu précédemment.

- De même, chaque fois que vous écrivez facilement, que vos phrases se succèdent, que vous suivez votre plume en effervescence, réactivez votre ancre. Vous la renforcez et empilez vos succès.

---

1. Pour en savoir plus, voir en bibliographie, *Derrière la Magie. La Programmation Neuro-Linguistique*, par Alain Cayrol et Josiane de Saint-Paul.

>

Utilisez l'outil «La relaxation», p. 14 et l'outil «Exploiter les informa-tions issues de votre système sensoriel», p. 87.

En pratique

Exercez-vous à partir de la scribulette *Pâquerette*, p. 25.

Frisson de bonheur

Le petit garçon est entré dans l'écurie. Il s'est approché du poney. Doucement il a sorti un sucre de la poche de son anorak. Il a tendu la main, paume largement ouverte avec le sucre dessus. Et il a senti avec un frisson de bonheur, les lèvres veloutées de Buffalo s'avancer vers le sucre avec un chatouillis d'une extrême délicatesse. Il n'a pas retiré sa main trop vite. Il n'avait pas peur et il aimait la salive épaisse et mousseuse du poney sur ses doigts. Il a approché son visage de la tête de l'animal et le souffle chaud des naseaux lui a humidifié les joues. Puis il a couru vers le manège.

Écrivez un petit texte qui pourrait avoir pour titre « Une extrême délicatesse » ou « Une infinie attention ». Empruntez votre propre chemin d'écriture. Il n'aura peut-être aucun rapport apparent avec la scribulette que vous venez de lire et c'est très bien ainsi. Le but est de se trouver, d'oser.

Empreintes

Oui, je lui avais promis qu'on jouerait au foot. Son ballon sous le bras, l'enfant attend la fin de l'averse devant la porte vitrée qui donne sur le jardin. Pour l'instant, ouf, je suis une grand-mère dispensée de tirer des penaltys !
L'enfant appuie contre la vitre embuée ses mains qui se souviennent encore des macaronis au fromage du repas de midi.
Attente impatiente de l'accalmie qui le propulsera dehors avec des cris de victoire.
Chaque jour, en rentrant au bercail vide d'enfant, je pose un regard complice sur la vitre marquée par les empreintes poisseuses.
Je laisse dans le placard le seau, la raclette et l'éponge.

Et si, de retour chez lui, ce petit bonhomme-là écrivait une carte à sa mamy, avec sa fraîcheur d'enfant, son orthographe bien à lui, sa spontanéité… Écrivez ce message avec votre propre cœur d'enfant. Allez, quoi ! Déverrouillez-vous.

Solitude glacée

Elle a relevé son col de fourrure. Nez rouge, froid piquant, buée blanche exhalée de sa bouche entrouverte. Le climat est en accord parfait avec la solitude glacée de l'affreusement nommé « Selfbank » où elle va faire quelques paiements urgents.

Un homme slalome vers elle, le visage couvert d'ecchymoses, vacillant. Puis il se tourne vers le mur de l'agence bancaire, un rapide tripotage de braguette et le voilà qui soulage sa vessie, longuement. Elle enjambe avec précaution la flaque qui s'étale sur le trottoir et au moment de gravir les deux marches menant au sanctuaire bancaire, elle voit sur le seuil une gaufre au chocolat dans son emballage de cellophane et une canette de bière bon marché qui attendent là le pisseur soulagé.

Elle entre, paie ses factures, les yeux rivés à l'écran. Elle l'entend vaguement lancer des invectives confuses au monde entier.

Lorsqu'elle sort, elle n'éprouve pas le besoin de serrer contre elle son sac à main, ce qu'elle fait pourtant très souvent. Quelque chose se décoince, une émotion se répand en elle, par rapport à cette misère entrevue.

Elle se sent comme déglacée.

Donc elle évolue. Comme nous tous ! Je vous invite simplement à continuer cette scribulette par quelques lignes. Encore une fois, laissez faire votre plume. Avoir confiance aide aussi à évoluer.

Lisez votre texte à une personne de confiance. Une impression se dégage-t-elle ?

Utilisez l'outil « Lire votre texte à haute voix », p. 18.

Libre

Libre, voilà, oui, le grand mot était lâché. Elle se sentait libre. Libre d'aller vers la petite maison en pain d'épice, vers des rêves déjantés à éclater de rire, vers des prés où soufflerait le vent des permissions. Permission de manger les galettes du panier de Chaperon Rouge, permission de se réveiller Belle au Bois Dormant avant les cent années réglementaires. Permission de laisser crasseux le sol de la maison des sept nains, permission de cesser de se faire passer pour Blanche

comme Neige. Permission d'être naïve comme Alice ou allumée comme le lapin blanc.
Libre. Oui, libre. Au rythme de ses pas et de sa respiration ample, dégagée.
Née. Enfin.

Écrivez, vous aussi, une scribulette qui commencera par « Libre… ». Et exprimez ce qui vous vient. Le mot « Libre » sera répété plusieurs fois.

Vous pouvez proposer à une personne de confiance de partager cette activité d'écriture avec vous. Une seule feuille : chacune écrit quelques lignes, l'autre enchaîne. Passez-vous la feuille, tissez vos libertés. Lisez enfin le texte obtenu.

Utilisez l'outil « Écrire en atelier ou en groupe », p. 16 et l'outil « Lire votre texte à haute voix », p. 18.

Doucement

Sous la lampe, l'enfant colorie une auto en violet. Il serre fortement le crayon entre ses doigts.
— Doucement, mon petit, dit sa maman. Tu vas déborder.
Le matin, devant son bol de lait chaud où flottent des céréales détrempées, l'enfant rêve. Et juste au moment où le magicien lui demande de faire un vœu, il entend comme un fouet qui claque :
— Dépêche-toi. Tu vas encore rater ton bus.
Il reste pétrifié face à ces incompréhensibles changements de vitesse imposés par les adultes.

« Sous la lampe, l'enfant colorie une auto en violet… » Réécrivez la scribulette à partir de la fin de la première phrase. Votre plume choisit sa voie selon ses envies.

Houp tata

Dans un de ces faux vrais villages pour vacanciers où se vend cher le bonheur des familles, je me promenais, un peu cafardeuse. Près du lac, non loin des pédalos, une petite fille, trois ans tout au plus, marchait avec sa maman.

Montée sur une pierre plate, la fillette plie les genoux, se redresse et accomplit l'exploit de ce qui ressemble bien à un premier saut, sans lâcher la main sécuritaire de sa maman.

— Houp tata, s'exclame l'enfant ravie.

— Houp tata, fait la mère en écho.

— Houp tata, conclut le papa, qui pilote la poussette contenant le petit dernier.

Bon. Tout est dit.

Tout est dit ? Pas nécessairement. Vous pouvez ajouter quelque chose à cette victoire d'enfant, ou aux commentaires des parents. Ou faire vos propres commentaires.

Ma burette

Ça gratte, ça grince, ça grippe ?
C'est rouillé, c'est coincé ?
Vite ma burette !
J'vous arrange ça tout de suite.
Une goutte d'huile
Et c'est reparti.
C'est pas beau, ça ?

Utilisez la burette. Que décoince-t-elle ?
Avant d'écrire, je vous propose de vous relaxer pour contacter plus facilement votre partie créative.
Utilisez l'outil « La relaxation », p. 14.

Pâquerette

Nous sommes en plein conflit. Nous avons mal à notre amour. Elle me dit : «Je ne suis pas une pâquerette dans un pré.» Eh oui! elle a raison. Je le sais qu'elle n'est pas une simple pâquerette. Elle est

si vaillante, si peu vulnérable. Forte tête. Forte tige. Pétales garantis
infroissables. Une femme extraordinaire.
Oui, elle a raison.
Mais où est passée la joie ? Où a-t-elle remisé la folie douce ? Et tous
les « on disait que tu étais le méchant magicien et moi la princesse »
des jeux de l'enfance ?

Recopiez « Je ne suis pas une pâquerette dans un pré » et conti-
nuez librement. Ensuite, relisez votre texte en toute bienveillance.
N'oubliez pas non plus de vous encourager et de vous féliciter.
Utilisez l'outil « Empiler vos succès », p. 20.

Étoiles de cœur pour la route

- *Je laisse ma parole se dire*
  Et s'écrire
  Elle est juste et subtile

- *La joie profonde*
  ne se trouve pas
  sur les guirlandes lumineuses des sapins de Noël

- *Il faut que ça change*
  Il faut que tu changes
  Et si ensemble
  on changeait…
  de regard !

- *« C'est raté » n'existe pas*
  C'est juste un cadeau d'évolution

- *Après les bides et les gamelles*
  Renaître à la vie
  Sauter sur un trampoline
  Prendre son tapis volant au lieu du tram 55
  Et vivre enfin
  Toutes lumières allumées

- Message de coquillage
  À ceux qui se sentent limités par leur âge
  Sortez de vos ornières, de vos isoloirs
  De vos coquilles-âges
  Marchez, osez, découvrez
  Placez-moi contre votre oreille
  Et écoutez votre Vie
  Encore et encore

- Face à la mer
  Non je ne vous fais pas le coup des embruns qui fouettent mon visage
  Je ressens la simple joie d'être vivante

- Même les nuages noirs
  Transportent un peu de poussière d'or

- Certains êtres, pourtant humains, laissent tomber leur cœur
  et leur âme n'importe où, ne les ramassent pas, s'en vont nez au vent
  et s'étonnent un jour de se retrouver complètement écœurés et
  désâmés.

- À comme âme. La mienne, la tienne, les nôtres.
  Plus belles et plus vibrantes que les cours de religion de mon
  enfance
  ne l'avaient laissé entrapercevoir.

- Espoir
  Je voudrais que les hommes communiquent directement de cœur
  à cœur,
  sortis de leurs cages, libérés de leurs œillères, ouverts à 360
  degrés.

- Les poches de nos cœurs sont remplies d'œufs prêts à éclore.

- Caresser des mains potelées
  Et m'émerveiller
  Caresser des mains ridées

Et m'émerveiller
Encore caresser

• *Sous la lampe*
Elle fait le remaillage
De son tricot de vie

Écrivez vos propres étoiles de cœur. Demandez-en à vos amis. Échangez-les…
Utilisez l'outil « Écrire en atelier ou en groupe », p. 16.

Post-it

Maman chérie,
Désolée pour le foutoir qu'est devenue la – ta cuisine.
Je nettoie dès que je rentre.
Et je détache la crêpe qui colle au plafond.

Écrivez un ou plusieurs post-it, réels, réalistes ou farfelus. Soyez dans la spontanéité. Pas de longueurs, juste l'essentiel à peine emballé.

Plantes vertes

Le repas n'en finissait pas. Autour de la table ronde nappée de coton blanc, la fillette avait l'impression d'être cernée par les adultes. Les conversations lui bondissaient par-dessus la tête. De temps à autre, elle tentait de capter le regard de sa sœur aînée et un clin d'œil ou une grimace lui rendaient courage.
Pourquoi fallait-il absolument qu'elles ornent toutes deux les repas de leurs parents et de leurs invités, comme des plantes vertes ? Parfois leur père ou leur mère délaissait un peu les discussions polies pour poursuivre en public leur éducation.
— Ferme la bouche quand tu mâches.
— Si tu continues à tenir ta fourchette à la main droite, tu ne trouveras jamais de mari.

L'oncle Auguste riait aux éclats. La petite baissait la tête, risée de cette tablée si prompte à se moquer des enfants.
Plus tard, elle deviendrait elle-même, à l'écart de tous les « c'est pour ton bien » de ses parents.
Son bien, ce serait enfin à elle d'en juger.

Exprimez les pensées et commentaires intérieurs de l'oncle Auguste, du père ou de la mère, ou de la grande sœur durant le repas.

Fin de la première étape

Faites le point si vous utilisez la démarche progressive pour libérer votre écriture par ce livre.

Relisez vos écrits.

Je vous propose de noter en vrac ce que vous avez appris ou découvert au cours de cette première partie. Pourquoi pas une simple liste ? Cette façon de faire vous mènerait vers des formulations brèves, une sorte de premier point de repère dans votre évolution en écriture créative.

Stimuler votre créativité

Jouer avec le sens des mots, en inventer, trouver des façons imagées de s'exprimer, utiliser des libérateurs de créativité, oser dessiner et vous lancer dans d'autres approches ébouriffantes… Voilà de quoi ensemencer votre champ créatif.

Libérateurs de créativité

Appelés aussi contraintes libératoires, les libérateurs de créativité sont par exemple des mots ou des phrases qu'il vous est demandé d'intégrer dans le texte que vous allez écrire. Ces mots peuvent être incongrus (Napoléon – olibrius – bachi bouzouk) et donc difficiles à exploiter. Mais il y a encore bien d'autres libérateurs d'écriture que les mots. Certaines personnes dérouillent très vite leur plume avec des photos, proposées par exemple en atelier d'écriture. Il s'agit d'en exploiter le thème ou un élément qu'elles apprécient sur l'image. D'autres ressentent à fond la musique et leur plume en capte les messages en même temps que tout leur être sensible les reçoit. Des étoffes à toucher (en quoi nous touchent-elles ?), des objets divers, les possibilités sont nombreuses.

Si vous écrivez seul, à partir des scribulettes du livre, créez vous-même vos propres libérateurs de créativité. Quelques mots recopiés, un dé à coudre ou une râpe à muscade, et vous voilà en route !

Pour quoi faire ?

Pourquoi se mettre des bâtons dans les roues ? C'est déjà si difficile parfois d'écrire… Eh bien ! Justement. S'ils sont libérateurs de créativité, c'est parce qu'ils offrent à l'écrivant de passer par un autre sentier que les chemins balisés qu'il connaît.

Pour placer ces mots, vous vous situez ne serait-ce que quelques minutes dans une autre démarche d'écriture, qui va peut-être donner de l'air à votre production et orienter l'histoire dans une direction que vous n'aviez pas prévue.

Il est toujours étonnant d'entendre les textes de participants à des ateliers d'écriture où il a été demandé de glisser « à la saint-glinglin » dans une histoire où cette expression semble impossible à faire entrer.

Comment procéder ?

Chacun y arrive à sa manière d'une façon très naturelle. Incroyable ! La clé pour l'utilisation des libérateurs de créativité est la confiance accompagnée d'une dose douce de vigilance comme une étoile qui clignote dans votre plume. À un moment donné se produit un déclic et vos libérateurs de créativité s'intègrent au texte en cours de réalisation. Souvent sans effort particulier.

Certaines personnes déclarent avoir besoin de ces contraintes. D'autres décident parfois de les ignorer. Normal, nous sommes tous différents et chacun est seul juge de ce qu'il veut ou peut accepter à un moment donné. Les libérateurs de créativité sont intéressants, n'en faisons ni une doctrine ni une obligation incontournable. Mais osons les essayer.

Des techniques plus spécifiques de développement personnel peuvent également être utilisées.

- Un dessin réalisé avec la main non dominante (la gauche pour les droitiers) ;
- Un dialogue avec une partie de soi ou un guide (lisez la scribulette *Dialogue avec mon ange*, p. 95) ;
- Divers collages sur un thème à partir d'images découpées dans des magazines ;
- Parfois un dessin après ou avant avoir écrit.

Toutes ces approches et bien d'autres sont très bien expliquées dans *Le Journal créatif*[1] écrit par Anne-Marie Jobin.

En pratique

Exercez-vous à partir des scribulettes *Des poils et une sandalette*, p. 44, *Des rampes de lancement*, p. 45, *Ingrédients pour salade folle*, p. 45, *Traces d'amour*, p. 47, *Mon âme*, p. 48, *Le bain de nuages*, p. 49, *Pas encore*, p. 50, *Naissance*, p. 52, *Et hop !* p. 67, *Spectacle*, p. 78, *Cahin-Caha*, p. 91, *Réparations*, p. 93.

---

1. Voir en bibliographie.

Inventer des mots

Inventez des mots et laissez Robert et La Rousse vous montrer du doigt. Sortez du code et devenez hors-la-loi. Aucun risque. Juste oser.

Pour quoi faire ?

Pour réveiller une écriture raplapla, dynamiser vos textes.

Pour contacter cette partie créative en vous qui n'a pas toujours l'occasion de s'exprimer et lui laisser le champ libre.

Comment procéder ?

- Vous pouvez faire des modifications légères de mots existants ; par exemple :

  galipette → galipounette : ici, le changement apporte tout simplement une petite fantaisie au mot d'origine, le rend plus mignon peut-être, et vous habitue à ne pas considérer le vocabulaire comme inscrit dans un réservoir gelé.

  cancre → cancritude : ce nom pourrait exister et désigner l'état d'une personne qui se sent cancre. Avec la terminaison « itude », un peu douloureuse comme dans « solitude ».

- Pratiquer l'emboîtement de mots existants (mots valises, dits aussi mots gigognes) ; par exemple :

  colère et biche → colbiche

  écrire et imaginer → écrimaginer

- Inventer purement et simplement de nouveaux mots à partir de sons, de syllabes amalgamées. Vous pouvez utiliser les sonorités chinoises, russes italiennes, françaises…, des sonorités douces, hachées… Par exemple :

  « Mange des krakovitches pour grandir », lui avait dit son parrain. Ce mot était un peu magique pour elle, totalement inconnu. Elle savait qu'il était allé en Russie et elle l'imaginait parcourant les steppes à cheval, avec des « krakovitches » dans sa musette.

- Créer des formules magiques dans un langage de votre cru avec des sonorités qui vous plaisent.

  Vous pouvez aussi inventer les phrases que prononcerait, par exemple, un sage dans un langage incompréhensible pour l'homme.

> Notez que rien ne vous oblige à utiliser les guillemets pour signaler la présence dans votre texte d'un mot inventé. L'emploi des guillemets indique que vous êtes au courant, que vous savez être « en infraction ». À vous de choisir ce qui vous convient.

En pratique

Exercez-vous à partir des scribulettes *La colbiche*, p. 44, *Définition*, p. 48, *Créativité*, p. 77.

Donner un autre sens à un mot

La technique appelée parfois «langage des oiseaux» consiste simplement à décomposer et à changer le sens d'un mot en fonction de son homophonie avec un autre mot. Les orthographes sont souvent différentes. Par exemple :

- remords → re-mort
- samedi → ça me dit
- valeureux → va, l'heureux !
- venu → vœu nu
- rosace → rose-as ou re-ose, as

Pour quoi faire ?

Cette approche est fréquemment utilisée en développement personnel. Vous pouvez l'employer aussi pour votre plaisir, comme un outil créatif de plus.

En pratique

Exercez-vous à partir des scribulettes *Le voile de la mariée*, p. 46, *Maxime*, p. 50.

Vous exprimer de façon imagée

Quelques exemples :

* _La chevelure_ *du vieux saule pleureur a subi une coupe au carré…*

  (Lisez la scribulette *Le cœur déboussolé*, p. 98)

  ➜ Analogie entre l'aspect des branches et une chevelure.

* *Son corps était devenu doux et lisse au contact de* _l'ouate tendre_ *du ciel bleu.*

  (Lisez la scribulette *Le bain de nuages*, p. 49)

  ➜ Manière imagée de désigner les nuages blancs.

* *Chère âme*

  Tu étais en moi dès le premier jour de ma vie. Mais je t'ai ignorée.

  Merci de t'être présentée et représentée régulièrement _à ma porte_, *jusqu'à ce que je sois capable de t'accueillir avec* _mille soleils_.

  Je t'aime et je suis presque sûre maintenant de m'aimer aussi, sauf quand _ma marmite mentale recuit un vieux ragoût nauséabond._

  (Lisez la scribulette *Mon âme*, p. 48)

Pour quoi faire ?

Vous exprimer de manière imagée, c'est personnaliser votre écriture et sortir des sentiers battus. C'est écrire avec vos ressources. Oui, les vôtres, bien à vous. C'est devenir vous-même en écriture, plus juste, plus vrai, plus vivant. Et souvent, les textes obtenus sont si beaux !

C'est aussi permettre à la personne qui vous lit d'accueillir les éléments de votre message à sa façon puisque l'image créée se prête volontiers au jeu des interprétations. C'est donc vous faire comprendre autrement que par le biais du langage courant.

Comment procéder ?

Avant tout, vous détendre, respirer, devenir réceptif à ce qui voudra se présenter à vous. Vous allez chercher des mots qui font voir ce que vous voulez exprimer en créant une analogie avec une chevelure, de l'ouate, une marmite, un ragoût ou tout autre chose. Acceptez que le processus prenne un peu son temps au début. Et si « ça ne vient pas »,

> regarder des images découpées dans des magazines peut déclencher l'imagination. Entraînez-vous seul ou en groupe. Allez, c'est parti !

Hier, votre enfant s'agitait autour de vous pendant que vous étiez au téléphone. Vous voulez raconter l'anecdote par écrit. Il vous vient d'abord «quel excité !» pour désigner votre petit garçon. Éloignez-vous un peu de ce premier mot trouvé en disant : «il était excité comme… une puce !» Enlevez le «comme» et exprimez directement ce qu'il était : «une puce excitée». Puis dérivez encore un peu librement. Continuez à faire des analogies. Vous trouvez aussi «un gardon frétillant» et «une petite fusée prête à décoller»… Ces formulations sont imagées. Elles permettent de représenter l'enfant de manière inhabituelle, tendre ou rigolote.

En pratique

Exercez-vous à partir des scribulettes *Bien-être*, p. 48, *Orange saumon potiron*, p. 74, *Radis noirs*, p. 49.

Je ne suis pas inspiré

Ça arrive. Et plus vous vous crispez, moins « ça vient ». Vous n'êtes pas une poule qui pond. Peut-être que pour le moment, vous couvez simplement et l'œuf n'est pas prêt à sortir.

Quelques pistes

Un bon déclencheur est le roman de Diane Schoemperlen, *Tendres morsures*[1]. À partir de cent mots qui sont les titres des cent chapitres, l'écrivaine entraîne le lecteur avec humour et finesse dans les souvenirs de son héroïne. Ouvrez ce livre à n'importe quelle page et embarquez ! Un régal stimulant !

Si vous éprouvez le besoin d'explorer le processus créateur, réflexions et exercices à l'appui, *La vie faite à la main*[2], d'Anne-Marie Jobin, peut vous intéresser.

Voici aussi quelques indications pour vous encourager à mieux percevoir votre personnalité, vos tendances sur page blanche et à relancer votre énergie de plume créative.

- **Économie ou abondance.** Certains écrivent d'une manière simple, au plus juste de leur vérité, dans une économie de mots et d'effets. D'autres ont envie de délivrer un message plus fourni ou plus orné. La manière d'écrire est personnelle et unique. Prenez le temps de découvrir avec quelle façon d'écrire, abondante ou plutôt économique, vous vous sentez à l'aise. Essayez, comparez.

- **Pudeur et discrétion.** Parfois, vous souhaitez vous préserver des regards intrusifs ou indiscrets du monde extérieur, craignant d'être débordé par vos émotions. Vous adoptez une écriture de protection. Vous vous mettez à distance par rapport au contenu de votre texte. Ne voulant vous dire qu'à demi, vous choisissez la troisième personne pour rédiger (« il » ou « elle », ce n'est pas tout à fait « moi »). Vous changez le lieu des événements, l'époque, parfois vous ajoutez ou supprimez des personnages. Bref, vous « fictionnalisez » certains éléments pour garder du recul.

---

1. Voir en bibliographie.
2. Voir en bibliographie.

- **Goût de la fiction.** Créativité, imaginaire, inventions romanesques conviennent particulièrement bien à certaines personnes, qui décollent littéralement quand les propositions d'écriture vont dans ce sens. Les tendances des écrivants sont différentes et varient à l'infini.

- **Déblocage de l'écriture par le dessin.** Il m'a semblé entendre claquer un fouet. Vous sentez-vous coupable de ne pas «y» arriver? Et êtes-vous déjà prêt à vous le reprocher et à vous punir? Respectez plutôt cette panne de plume et lâchez prise. Détendez-vous. N'essayez pas de pondre à tout prix. Vous ne vous faites pas du bien à forcer ainsi.

  Prenez une grande feuille blanche et osez dessiner. Laissez partir vos feutres ou vos crayons sans projet. Jouez un peu. Regardez ensuite votre dessin avec bienveillance. Vous parle-t-il? Qu'y voyez-vous? Souvent, le dessin spontané[1] pratiqué avant d'écrire suscite et oriente le texte qui va suivre. Ses couleurs, ses formes, son message éventuel si vous en avez perçu un, vont nourrir l'écriture et l'ouvrir en levant les inhibitions de départ. Utilisez aussi l'outil «*À vos crayons*», p. 42.

En pratique

Exercez-vous à partir des scribulettes *Mes crayons de couleur*, p. 51, *Pas encore*, p. 50, *Sonné*, p. 61.

---

1. Pour en savoir plus, voir en bibliographie, *La Vie faite à la main*, par Anne-Marie Jobin.

La visualisation créatrice

La visualisation créatrice peut également être d'un grand secours pour l'écrivant stressé, absent à lui-même, ou en manque de ressources.

Une piste

Je vous invite à entrer doucement, à votre rythme, dans le processus de mise en confiance que voici :

- Je vous propose de fermer les yeux et de respirer calmement. Laissez venir à vous l'image d'un lieu que vous aimez particulièrement, chez vous ou ailleurs, dans la nature éventuellement. Un lieu associé à la paix, à la détente.

- Voyez cet endroit agréable. Prenez le temps d'en apprécier les détails, le plaisir qu'il y a à être là. Entendez les sons qui se manifestent, pépiements d'oiseaux peut-être, enfants qui jouent, bruissement de feuilles. Ressentez votre bien-être, les odeurs éventuelles, l'air du dehors, la fraîcheur ou la tiédeur du lieu…

- Vous remarquez une table et vous réalisez qu'elle est là pour vous. Voyez-la. Un siège confortable vous attend. Vous vous installez, confiant, il y a une belle lumière autour de vous. Vous remarquez sur la table une feuille de papier et une plume, ou un stylo.

- Vous sentez de tout votre être l'envie d'écrire ce qui vous habite, des petits riens ou de grandes émotions. Vous savez qu'il n'y a pas d'enjeu, rien à perdre, juste du plaisir à trouver avec des mots et des phrases assemblés. Prenez le temps de ressentir tout cela.

- Alors vous respirez calmement et la plume se met à courir sur le papier, dans la lumière de cette belle journée. Voyez votre main qui tient la plume ou le stylo, votre main qui remplace un mot par un autre, qui prend son temps. Vous relisez votre texte avec bienveillance. Vous êtes à l'aise, heureux à la pensée de partager avec d'autres ce texte qui est sorti de vous, tout simplement.

- Quand vous vous sentez prêt, vous pouvez laisser partir l'image de ce lieu agréable, cette table, cette plume, et revenir ici, maintenant.

En pratique

Exercez-vous à partir de la scribulette *Mon âme*, p. 48.

À vos crayons

Lever quelques a priori ou blocages

- *«Pour dessiner, il faut avoir du talent et s'être beaucoup exercé. Moi, je ne sais pas dessiner!»* Dans le cadre de votre développement personnel, il ne vous est pas demandé de «savoir». Juste d'oser vous laisser aller, d'accepter de rencontrer une compétence endormie, de la réveiller doucement et de l'accueillir en confiance. Si vous savez tenir une plume ou un stylo en main et tracer des signes sur une page blanche, vous savez aussi tenir un crayon et lui laisser faire des mouvements sur papier.

- *«Je ne suis plus un enfant quand même! C'est puéril de me remettre à dessiner à mon âge.»* L'enfant que vous avez été s'est exprimé par ce moyen-là. Vous étiez créatif et peut-être félicité pour vos beaux dessins. Devenu adulte sérieux, avez-vous tendance à considérer comme pertes de temps et gribouillages les tentatives de communication par les crayons? Si vous acceptez à nouveau ce genre d'activité, il est possible que vous découvriez un espace de bien-être rafraîchissant en vous.

- *«Ma créativité a été réprimée. J'adorais dessiner. Maintenant, j'ai peur.»* Vos expériences et comment vous les avez vécues, comment vous leur avez donné sens, tout cela s'est inscrit en vous. Votre attention a-t-elle été attirée par les adultes sur l'aspect normatif ou technique des réalisations au détriment de votre expression personnelle? Avez-vous été marqué par une gracieuse appellation du style «petit cochon» lorsque vous montriez vos œuvres à votre entourage? C'est l'occasion de réparer votre créativité blessée. Lisez le poème «Le petit garçon» d'Helen E. Buckley[1]. Il s'agit d'un poème, traduit de l'anglais où, avec des mots tout simples, nous est décrite la destruction d'une créativité d'enfant.

Pour quoi faire?

Les objectifs du dessin en atelier d'écriture créative ne sont pas ceux d'un peintre qui expose ses œuvres dans une galerie pour les vendre à un public ébloui. Le dessin dans le cadre qui nous occupe est un éclairage, une façon de mettre en lumière ce que vous avez dans les yeux ou dans

>

---

1. Voir en bibliographie.

>

le cœur, autrement que par les mots. Vos pastels, vos crayons ou vos pinceaux apportent leurs formes et leurs couleurs à vos paysages intérieurs.

Quelques pistes

- Différentes façons
  - Pour vous familiariser avec l'expression dessinée et respecter votre rythme, vous pouvez tracer des formes libres sur le papier et explorer ensuite votre dessin.
  - Lisez la scribulette *Mes crayons de couleur*, p. 51.
  - Dessinez ce qui vous inspire à un moment donné, sans vous tracasser si vous n'avez pas appris les règles de la perspective ou l'art de marier les couleurs. Ce qui compte ici, c'est de le faire, tout simplement, d'élargir vos possibles. Pour voir ce qu'il en sort.

- Dessiner avant d'écrire, après ou pendant

Avant. Cette façon de faire débloque souvent la créativité. Utilisez l'outil « Je ne suis pas inspiré » p. 39.

Après. Le dessin peut servir de synthèse, de représentation globale de ce qui a été écrit, ou du ressenti par rapport à votre texte.

Pendant. À certains moments d'un atelier d'écriture, faire de manière progressive un mandala[1] correspondant à la palette d'émotions ou de ressentis de la séance peut se révéler intéressant. Cette activité a l'avantage de vous garder centré lors de moments plus creux tout en exprimant d'une manière personnelle des aspects non révélés par les mots.

Autre suggestion : dessiner de manière simplifiée, rapidement, un petit personnage ou un objet pendant que vous écrivez. Faites ceci, sur la ligne d'écriture, en relation ou non avec les mots tracés sur la page blanche. Pour les personnes qui ont tendance à beaucoup réfléchir et à se freiner, ce mini-dessin fait office d'invitation au lâcher prise et réoriente parfois la plume vers plus de spontanéité.

En pratique

Exercez-vous à partir des scribulettes *Mes crayons de couleur*, p. 51, *Pas encore*, p. 50, *Sonné*, p. 61.

---

1. Pour en savoir plus, voir en bibliographie, *Mandala, Voyage vers le centre*, par Bailey Cunningham.

Des poils et une sandalette

Des poils. Frisés. Un torse. Velu. Le mâle, avec plusieurs accents circonflexes.

Une sandalette en plastique rose bonbon oubliée par une jeune fille près du plongeoir.

Caricature des sexes. Et deux êtres. Uniques et différents.

Elle l'avait rencontré à la piscine. Et alors qu'elle avait toujours proclamé qu'aucun homme à torse velu ne mettrait un orteil chez elle, elle l'avait accueilli, écouté dans la cuisine, devant un pot de yaourt et un reste de camembert puant.

Et une amitié pure et belle s'était tissée entre les deux cœurs de ces êtres-là, projetés l'un vers l'autre lors d'un plongeon dans le grand bassin. Ils n'en finissaient plus de se dire, de se dérouler, de se découvrir. Si prudents et si osants à la fois.

À ces deux-là et à tous les autres, j'ai envie de dire : « Vos cœurs vous emmènent là où il est bon pour vous d'aller. Vivez. Intensément amants ou amis. Ou amis amants. »

> Soulignez quelques mots ou une phrase et essayez de déclencher immédiatement votre écriture à partir de ce démarreur. Pour voir si « ça vient » tout de suite. Quelques lignes suffisent.
>
> Notez ensuite pour vous-même le résultat de cette petite expérience.
>
> La fluidité d'une écriture instantanée était-elle au rendez-vous ?
>
> Utilisez l'outil « Libérateurs de créativité », p. 32.

La colbiche

La colbiche est la femelle en colère d'un cerf qui a occupé toute la place sur leur territoire commun.

Et elle s'est retrouvée très fâchée sur un emplacement minuscule où elle n'arrivait plus à se remuer.

> Faites deux colonnes dans votre cahier d'écriture. Dans la première, listez quelques-uns de vos états intérieurs, vécus à des moments clés de votre vie. Dans la seconde, notez des noms d'animaux. Tout ça sans trop réfléchir.

Emboîtez le début d'un nom de sentiment de la première colonne avec la fin ou l'entièreté d'un nom d'animal de la seconde colonne. Faites des essais. Jouez avec ces associations jusqu'à ce qu'un mot nouveau émerge et vous convienne.

Ensuite rédigez une ou deux phrases pour définir cet étrange animal… auquel vous n'êtes peut-être pas étranger.

Utilisez l'outil « Inventer des mots », p. 34.

Des rampes de lancement

- *Assise ébouriffée sur mon lit, je tente de me rappeler cette étrange image vue en rêve.*
- *Elle était complètement dépassée derrière ses lunettes démodées.*
- *Ils n'arrivent ni l'un ni l'autre à lâcher la civilisation, les belles manières et le percolateur programmé la veille au soir.*
- *J'ai trois jours devant moi et franchement, ce n'est rien de trop.*
- *Il était tard. Elle marchait vers le château baigné de lune.*
- *Je voudrais voir son visage d'aujourd'hui.*
- *Laisse remonter en toi l'émotion de cet automne aux froissements de feuilles sèches.*
- *Elle a choisi : ce sera sa robe noire à larges pastilles bleu nuit.*
- *Tous les « merci » de la Terre ont résonné.*
- *Il tombe des flocons de fraises.*

Dix phrases. Comme des rampes de lancement pour fusées. Pour vos fusées. Au hasard ou au choix, exploitez une de ces phrases. Vous pouvez la placer en début de scribulette, l'y intégrer ou l'écrire en fin de texte.

Utilisez l'outil « Libérateurs de créativité », p. 32.

Ingrédients pour salade folle

- *La main visqueuse*
- *Des fourmis émotives*
- *Un petit arc-en-ciel déchaîné*
- *Une phrase à fossettes*
- *Écrire des égratignures*
- *La tendresse voyageuse*

- *Fureur flottante*
- *Le radeau fêlé*
- *Des souvenirs râpeux*
- *Une fleur musicale*
- *La planète poussière*
- *Le vieux soleil ridé*
- *Des macaronis magiques*
- *Oufzut*
- *Le panier vagabond*

Laissez-vous capter par un des groupes de mots proposés. Il suffit de céder à un « tilt » personnel sans réfléchir, puis d'écrire ce qui vient. Si une salade folle vous tente, mélangez plusieurs mots dans un seul et même texte. Mmmmmh ! Savoureux.
Utilisez l'outil « Libérateurs de créativité », p. 32.

Le voile de la mariée

Elle rassemble d'une main les mètres de tulle de son voile et de l'autre elle maintient ses jupons blancs. Elle a mal aux pieds. Elle s'effondre dans un fauteuil auprès des amis venus fêter ses noces. Et elle se lance avec eux dans des chansons de dépucelage entrecoupées d'éclats de rire. Que c'est bon !
Devant elle, un sourcil se dresse. Elle déplaît à son mari, pas encore étrenné et déjà offusqué. Dans sa tête, un voile se déchire. La fête est finie.

Ce qui est spécial avec ce voile, c'est qu'à la fin de la scribulette, il peut s'interpréter comme un « vois-le » ! Vos sens captent-ils dans ces quelques lignes d'autres mots ou parties de mots qui pourraient se relire autrement en fonction de leur homophonie ? Notez ces retranscriptions.
Écrivez quelques lignes en y intégrant les réécritures de mots. Votre petit texte peut concerner la mariée, sa belle-mère ou qui bon vous semble. Si l'expérience vous tente, écrivez ceci sous forme de fragments de phrases décousus à poser çà et là sur une page de votre cahier d'écriture.
Utilisez l'outil « Donner un autre sens à un mot », p. 36.

Les bisoutés

Elle rythmait chaque baiser d'un petit bruit mouillé. Et je la quittais avec le papillon carmin de ses lèvres sur une joue, au coin de l'œil ou dans le cou.
Alors ma mère retournait à ses occupations.
Je me plais aujourd'hui à imaginer une rencontre entre bisoutés du jour fraîchement estampillés par une maman, une épouse, une grand-mère, une amante…
Ils s'étonnent, se regardent les uns les autres, rient ou se sentent émus.
Ils comparent la diversité de leurs traces d'amour.

Non, on n'écrit pas ! Je vous invite à découper dans un vieux magazine quelques photos qui vous plaisent ou captent votre attention : lieux, personnages, objets… Rendez-vous à la scribulette suivante.

Traces d'amour

Ils s'éloignaient de la plage déserte. Une petite pluie fine les faisait frissonner. Ils marchaient enlacés vers leur voiture.
Dans le sable mou, ils croisèrent leurs propres empreintes, semelles de Nike et d'Adidas mêlées.
Encore un signe de la vie, un clin d'œil complice envers leur amour naissant.

Évoquez à votre tour des traces, des empreintes. Dans un cadre moderne ou intemporel. En pure fiction ou avec des choix réalistes. Songez que certaines marques ne sont pas visibles pour les yeux.

Introduisez deux éléments présents sur les photos que vous avez découpées (indications de la scribulette *Les bisoutés*, ci-dessus).
Utilisez l'outil « Libérateurs de créativité », p. 32.

Bien-être

Moi, je me sens bien quand dans mes rivières intérieures coulent le respect, la tendresse, et la Vie, devant laquelle je m'incline. La soie d'un regard doux, quelques branches de lilas dans un vase, un parfum d'agrumes, et je suis connectée à mon moi le plus authentique, celui qui ose se dire et s'écrire, qui se sait juste et impose le silence aux voix critiques ricanantes.

Et vous, quand vous sentez-vous bien ? Glissez l'une ou l'autre formulation imagée dans votre scribulette.
Utilisez l'outil « Vous exprimer de façon imagée », p. 37.

Mon âme

Chère âme,
Tu étais en moi dès le premier jour de ma vie. Mais je t'ai ignorée.
Merci de t'être présentée et représentée régulièrement à ma porte, jusqu'à ce que je sois prête à t'accueillir avec mille soleils.
Je t'aime et je suis presque sûre maintenant de m'aimer aussi, sauf quand ma marmite mentale recuit un vieux ragoût nauséabond.

Afin de vous rendre disponible à la proposition d'écriture qui suit, je vous suggère de respirer calmement et de faire un peu de visualisation créatrice. Utilisez l'outil « La visualisation créatrice », p. 30.
Relevez quelques mots ou expressions qui vous intéressent dans cette scribulette et intégrez-les à votre texte qui répondra à cette question : « Que suis-je prête à accueillir aujourd'hui ? » Utilisez l'outil « Libérateurs de créativité », p. 32.

Définition

Aujourd'hui, elle se sent faible, vague… à l'âme, lente. « Inutile, pense-t-elle, de m'attribuer une fois encore une mauvaise note. Me râler dessus, je ne l'ai que trop fait. »
Elle cherche alors à se caractériser dans cet état.
Un momoteur est un moteur légèrement poussif, qui crachote un peu avant de démarrer. Le redoublement mo-mo rend compte de cette hésitation, de cette difficulté à vrombir pleinement.

Écrire, c'est avoir les mots pour amis. Ceux qui existent et ceux que vous inventez. Exprimez une de vos caractéristiques personnelles à l'aide d'un mot inventé.
Utilisez l'outil « Inventer des mots », p. 34.

Le bain de nuages

Elle venait de prendre son bain de nuages. Son corps était devenu doux et lisse au contact de l'ouate tendre du ciel bleu.

Elle regardait son ventre, ses seins et ses cuisses de jeune femme comme si elle les voyait pour la première fois. Elle se mit debout sur un gros nuage qui avançait doucement et dansa nue. Elle n'avait jamais fait bouger ainsi son corps nu, jambes écartées. Ses seins se balançaient sans retenue. Oui, c'est ça, elle avait quitté les attitudes retenues, convenables et pudiques, inculquées dans l'enfance.

Et elle chanta aussi en inventant des sons et elle s'entendit prononcer des mots crus, sensuels.

Un jeune homme, perché sur un nuage plus élevé (mieux élevé?) que le sien devint tout rouge en passant au-dessus d'elle.

Elle lui sourit. Leurs nuages respectifs s'éloignaient l'un de l'autre maintenant. Mais ces deux êtres-là se reverraient.

Éros était passé par là.

Racontez une histoire farfelue, irréelle. Écrimaginez à propos de vous-même ou d'une personne de fiction. Profitez-en pour aller vers l'audace. Utilisez dans votre texte les mots suivants : nuage, seins et ouate.
Utilisez l'outil « Libérateurs de créativité », p. 32.

Radis noirs

Soir de concert. Dans ma loge, je vois par anticipation mes doigts agiles caresser la harpe sur la scène, près du pianiste amoureux de moi. Il rêve souvent, me dit-il, de mes boucles brunes et de mes seins pointés sous la robe de soie noire.

Salle glacée, figée. Je me sens comme une botte de radis amers. Ma harpe est prête, mes mains aussi, échauffées par des exercices préparatoires. Pourtant une force impérieuse m'empêche d'entrer en musique. L'instrument mélodieux garde en lui son petit enfant bleu nimbé de lumière, ses nains de jardin et tous ses souvenirs d'Amélie Poulain.

Quelques huées. Alors j'avale tous mes radis noirs et ma harpe envoie enfin vers le public les sons cristallins qui font notre succès.

Un objet ou un instrument ne vous obéit plus. Comment réagissez-vous ? Racontez en employant quelques formulations imagées. Utilisez l'outil « Vous exprimer de façon imagée », p. 37.

Maxime

Agrippées à lui comme à une bouée. Il leur sert de flotteur. Il les aide à maintenir leur tête hors de l'eau par sa bienveillante écoute, son sourire humble et ses compétences en blessures de l'âme.

Maxime, prénom magique de ce guérisseur des êtres à la dérive et des cœurs déboussolés.

Maxime, une pensée de sagesse.

Maxime, Max, parce qu'il donne le maximum de générosité et d'accueil.

Et cime, parce qu'il convie ses patientes en détresse à descendre dans leurs profondeurs pour mieux monter à la cime de leur arbre de vie.

Ensuite elles se désagripperont de lui. Il aura été simplement leur gué pour traverser les chagrins de la vie, le temps de se réorienter et de trouver un passage, un passe à je.

Donnez votre interprétation d'un prénom bien adapté à la personne qui le porte. Comment le décomposez-vous ? Un petit coup de pouce ? Voici quelques suggestions de prénoms qui se prêtent à cet exercice : François, Théodore, Geneviève, Oliva…
Utilisez l'outil « Donner un autre sens à un mot », p. 36.

Pas encore

Elle marche à grandes enjambées malgré ses six centimètres de hauts talons et l'étroit fourreau blanc de sa robe de mariée.

Le parking sous la salle de restaurant où ont lieu les agapes de son mariage est bien éclairé. L'endroit idéal pour souffler un peu. Elle regarde sa montre. Il reste encore deux heures au moins à passer en embrassades, exclamations ravies et remerciements à la sincérité sincèrement simulée. Son mari est à l'aise avec ça, pas elle. Et la cigarette dont elle souffle la fumée par les narines a un petit goût compensatoire.

Elle regarde autour d'elle et aperçoit le fléchage pour sortir. Tiens, tiens… mais non, elle ne le fera pas, pas encore. La limousine parée de rubans blancs sur laquelle elle est appuyée est comme un appel à la raison.

Là-haut, l'animateur de soirée crie aux danseurs sur la piste : « Changez ». Mais non, elle ne le fera pas, pas encore.

Comédie humaine et conflit d'authenticité… Je vous invite à placer dix points sur une page de votre cahier. Très librement, où vous voulez. Reliez-les par des traits spontanés, avec certaines boucles ou autres fantaisies. Regardez l'effet obtenu.

Utilisez l'outil « Je ne suis pas inspiré » (déblocage de l'écriture par le dessin), p. 39 et l'outil « À vos crayons », p. 42.

Écrivez une scribulette inspirée du texte de départ et de votre dessin. Utilisez l'outil « Libérateurs de créativité », p. 32.

Mes crayons de couleur

J'avais envie de dessiner. Mes crayons de couleur partaient, tranquilles. Ils prenaient les chemins qui s'offraient à eux, sans projet ni intention aucune. Une sorte de parcours se traçait petit à petit, avec des passages, des croisements, des culs-de-sac.

Ils se sont mis alors à former des ovales et des cercles, eux-mêmes encerclés. On aurait dit des molécules qui se regroupaient, des cellules du corps. Des cellules ? Comme celles dans lesquelles s'enferment parfois les hommes et les femmes ? Avec des barreaux ? Des cellules où l'on tourne en rond ?

Je sens pourtant en moi des ressources créatives. Mais mon dessin ne les fait pas communiquer entre elles pour le moment. À moi de mettre en relation tous ces potentiels prêts à éclore, d'ouvrir mes frontières et de circuler librement à la rencontre de ce qui voudra venir vers moi.

Allez, à vous maintenant ! Mais si ! Vous savez dessiner des lignes, tracer des formes spontanées sans chercher à représenter le réel. Utilisez des couleurs. Ouvrez vos frontières. Racontez ensuite cette expérience et décrivez votre dessin en l'interprétant.

Utilisez l'outil « Je ne suis pas inspiré » (déblocage de l'écriture par le dessin), p. 39 et l'outil « À vos crayons », p. 42.

Naissance

Elle l'a racontée cent fois, ma naissance.
Juste avant de se pointer dans le monde des soi-disant humains, le bébé-moi s'est placé le menton en avant.
Le médecin aurait dit : « Il ne va pas nous jouer un tour de cochon, celui-là ! »
Je n'avais pas encore poussé mon premier cri que j'étais classée côté garçons et race porcine !
Ce « il » et ce « cochon », ma mère me les a souvent répétés et racontés, avec un regard noir et une intonation furieuse.
C'est bien plus tard, devenue adulte, que j'ai commencé à en rire.

Votre arrivée dans ce monde ou la naissance d'une personne imaginaire, et un détail, un obstacle, une particularité étonnante. Voilà des ingrédients pour votre scribulette. Comme libérateur de créativité, je vous suggère d'introduire dans votre texte un nom d'animal, qui peut bien sûr faire partie d'une expression.
Utilisez l'outil « Libérateurs de créativité », p. 32.

Fin de la deuxième étape

Faites le point si vous utilisez la démarche progressive pour libérer votre écriture par ce livre.

Relisez vos scribulettes de cette deuxième partie. Traduisez par moins de dix mots ce qui vous semble refléter le mieux votre écriture créative à ce stade-ci de votre découverte.

Dessinez de manière spontanée un objet, un lieu ou un personnage qui traduirait vos impressions actuelles.

Raconter vos histoires et des histoires (auto)-aidantes

Envie de laisser courir votre plume pour lâcher enfin un souvenir d'enfant, lorsque vous étiez ridiculisé à l'école par celui qui se disait votre copain ?

Besoin de revivre sur papier la plus belle rencontre de votre vie ? D'en resituer le cadre, l'époque, l'ambiance et tout le toutim ?

Désir d'oser écrire une histoire à votre fille de huit ans pour son anniversaire ?

Volonté de raconter une anecdote banale à votre façon ?

Allez-y ! Que les mots s'associent, que les phrases s'enchaînent et que l'histoire se construise !

La plume n'a jamais mordu personne.

Réalité et fiction

Écrire vos histoires, c'est aller vous promener sur des chemins de réalité, de fiction, ou mêler et tisser ces deux fils-là.

Quelques pistes

- N'hésitez pas à témoigner de votre vécu en y introduisant des éléments fictifs qui permettent de mettre de la distance entre vous et vos émotions. Vous pouvez, par exemple, changer les noms des lieux et des personnes. Changez d'époque. Introduisez un sage, une fée ou un petit lapin si vous le souhaitez. Il est parfois intéressant de modifier le déroulement d'une action, de donner une autre issue à un conflit. C'est à vous qu'il appartient vraiment de voir ce qui convient.

- Écrivez parfois à la troisième personne. Écrire «elle» ou «il» en parlant de vous-même fait que ce n'est déjà plus tout à fait vous. D'ailleurs même un «je» d'écriture peut n'être pas vous.

- Ayez pour vous du respect et un savant dosage personnel de prudence et d'audace, de prudence osante. Ainsi vous pourrez plus facilement partager vos expériences de vie et vous préserver.

En pratique

Exercez-vous à partir des scribulettes *Le gant vert*, p. 62, *La salopette rouge*, p. 63.

Comment raconter vos histoires

Éviter crispations et blocages : la chronologie

Commencez par ce qui vous vient en premier. Ce n'est pas le début ? C'est peut-être même la fin de l'histoire ? Pas d'énervement, vous reviendrez en arrière plus tard. La chronologie ne doit pas être obligatoirement respectée. Lisez la scribulette *Sonné*, p. 61.

Dire ou ne pas dire, ralentir ou accélérer

Vous n'avez pas nécessairement envie de raconter certaines émotions, ni des aventures malheureuses dont vous êtes le héros. Vous pouvez faire l'impasse sur ce qui ne vous convient pas ou passer certains faits sous silence. Et attardez-vous sur ce qui vous paraît intéressant. Bref, sachez accélérer, ralentir, jouer du frein et de la roue libre. Faites des choix.

Envie d'être lu ou d'être écouté

Écrire pour d'autres est très différent d'écrire pour soi. L'existence d'une personne qui pourrait vous lire ou vous entendre va changer votre façon de mettre votre récit sur papier. Dans ce cas, fuyez le banal et les gros clichés qui font bâiller et essayez de vous connecter à votre écriture la plus juste, la plus personnelle.

Si vous inventez une histoire pour un enfant, créez des personnages singuliers, par exemple un magicien dont la baguette magique est en panne ou une sorcière magnifique, avec des boucles rousses jusqu'à la taille. Laissez-vous étonner par vos propres fantaisies.

En pratique

Exercez-vous à partir de la scribulette *Le gant vert*, p. 62.

Comment raconter des histoires (auto)-aidantes

Quelques exemples

Les histoires aidantes exploitent parfois des symboles comme dans les contes : la clé, le vieux sage, la porte fermée, la biche effrayée, l'équilibriste, le lutin, la grotte… avec bien sûr un fil conducteur. Ces histoires, par leur référence symbolique à une situation difficile vécue par quelqu'un, sont des contes métaphoriques. Vous utiliserez parfois vos symboles personnels dans des récits ou des descriptions auto-aidantes.

Pour quoi faire ?

La métaphore (et/ou le conte métaphorique) est régulièrement utilisée en coaching et en thérapie[1] (par exemple pour aider un enfant à vivre un deuil). L'histoire que l'on met en place représente symboliquement le problème et offre une vision plus élargie, voire une ouverture vers des solutions.

Une «bonne» métaphore est protectrice. Elle va par images et symboles sur des chemins imaginaires. Elle ne heurte pas de front, elle respecte en mettant une distance suffisante entre le problème et celui qui le vit. Elle ne conseille pas, ne claironne pas de solutions toutes faites. «*Offrir un conte, c'est glisser un mot sous la porte close, n'attendre aucune réponse et repartir*[2].» (Daniel Lambert)

Quelques pistes

Vous pouvez commencer par écrire des métaphores auto-aidantes. Lisez la scribulette *Mon village*, p. 65.

Des cartes symboliques peuvent vous aider à démarrer. Il y en a de toutes sortes dans le commerce. Personnellement, celles qui me conviennent le mieux pour rédiger des métaphores sont *Les Cartes de l'Enfant Intérieur*[3], d'Isha et Mark Lerner. En tirer une, la regarder

>

---

1. Pour en savoir plus, voir en bibliographie, *Contes et métaphores thérapeutiques*, par David Gordon, *La métaphore thérapeutique et ses contes*, par Michel Kerouac, *Contes et métaphores*, par Louis Fèvre et *Cent histoires du soir*, par Sophie Carquain.
2. Cette phrase est extraite du livre de Michel Dufour intitulé *Allégories II*. Voir en bibliographie.
3. Voir en bibliographie.

en pleine détente et ouverture, sentir de quelle difficulté elle nous parle, puis écrire en toute confiance. Lisez la scribulette *Dialogue avec mon ange*, p. 95. Elle est inspirée d'une de ces cartes. Un dialogue que j'ai écrit tout naturellement et que j'ai perçu ensuite comme une métaphore.

Comment procéder ?

Avant de vous lancer, cherchez quelle difficulté vous avez envie de traiter, quel soin vous voulez vous donner, à vous ou à autrui, par le biais d'un conte métaphorique.

La métaphore est souvent un récit avec des personnages, des lieux, des actions, etc. Comment arranger tout ça ? Pas de panique. Sans vous faire une obsession des règles et des méthodes, votre histoire se mettra en place plus facilement si vous tenez compte de quelques points de repère. La scribulette *Dommage. Bravo*, peut vous aider à comprendre l'organisation du texte. La voici :

« Dommage, les ailes mauves du petit ange blond sont fichues ! Petit à petit, elles se sont déplumées et effilochées.

– C'est normal lui dit un spécialiste des avatars des ailes d'anges, qui a un petit atelier de réparation au fond de son jardin. C'est l'usure. Je vais vous en faire des nouvelles.

Il se met au travail, et après quelques jours, il invite le petit ange blond pour un premier essayage. Il l'aide à endosser ses nouvelles ailes en métal inaltérable. Il suffit de les placer sur ce qui reste des ailes d'origine. Le petit ange blond s'envole. Les ailes cliquettent, les virages sont plus difficiles qu'avant. L'atterrissage hasardeux.

Le petit ange blond se demande comment il pourra vivre avec cette ferraille dans le dos.

Ses yeux sont pleins de larmes.

– Sont-elles amovibles ? demande-t-il d'une voix qui tremble un peu.

– Certainement, rassure le spécialiste des ailes artificielles. Il vous suffit de les détacher comme ceci. Et il lui montre comment les déclipser.

Le petit ange blond décide de n'utiliser son nouveau matériel que pour les longs vols. Il continue à vivre en bonne entente avec ses ailes brisées. C'est avec elles qu'il va chercher son pain chaque jour, même si c'est plus lent. Elles lui ont rendu tant de services, il veut leur montrer sa reconnaissance.

Parfois, je vois passer dans mon ciel le petit ange blond. Il a peint ses ailes artificielles de la couleur mauve qui lui allait si bien. J'entends cliqueter l'acier dans les virages. Souvent, je lui fais signe. Je mets mes mains en porte-voix et je lui crie : "Bravo! Tu es magnifique!" »

- Il y a d'habitude une situation initiale. C'était où? Quand? Qui? Parfois, cette première étape n'est pas présente, l'histoire démarre tout de suite comme dans *Dommage. Bravo.*

- Il y a un déclencheur. C'est un élément qui agit comme une perturbation dans la situation initiale. Que se passe-t-il? Qu'est-ce qui rompt l'équilibre? Que veut le personnage principal ou que veulent les personnages principaux?

- Il y a des actions, des péripéties. Que fait le personnage central? Reçoit-il de l'aide? Par quelles difficultés passe-t-il?

- Il y a un dénouement. Comment l'histoire se termine-t-elle?

- Et surtout et encore, respectez-vous avec vos envies et vos goûts personnels. Personne ne vous demande d'écrire comme Charles Perrault. Laissez votre façon de rédiger se manifester sous sa forme à elle. Pas envie d'une atmosphère magique et des formules un peu typées des contes? Eh bien! Lâchez votre métaphore sous une autre forme.

En pratique

Exercez-vous à partir des scribulettes *Mon village*, p. 65, *L'empereur Cherchesens*, p. 65, *Dommage. Bravo*, p. 66, *Et hop!* p. 67.

Sonné

Il était assis sur le vieux banc face à l'horloge de l'église. Il se sentait sonné. Et sonner, c'est justement ce que venait de faire son portable. Sonner sans qu'il cherche à prendre l'appel. Car il n'était plus joignable pour personne.

Il venait juste de retrouver de la bienveillance envers lui-même, après avoir revisité tous les fiascos gravés sur son discoflop mental.

Sa maison était vendue, ses amis perdus, les enfants dispersés et il entendait à nouveau battre la vie en lui. C'était étonnant, ce moment suspendu, ce dernier stop qu'il s'accordait, sonné, sur ce banc.

Tranquille, il se leva, renoua solidement les lacets de ses chaussures. Puis il jeta son portable dans une poubelle publique débordant de canettes et se mit en chemin.

Je vous propose d'écrire une scribulette qui raconte un nouveau départ. Les yeux fermés, laissez venir à vous une couleur qui représente l'ambiance du début du texte. Visualisez ensuite une autre couleur pour la dernière phrase. Faites intervenir ces deux couleurs dans votre texte. Éventuellement, faites un dessin en utilisant ces deux couleurs avant d'écrire.

Utilisez l'outil « Je ne suis pas inspiré » (déblocage de l'écriture par le dessin), p. 39 et l'outil « À vos crayons », p. 42.

Elle est prête

Elle est prête, regarde sa montre et entre dans la chambre.

Il sautille maladroitement sur une jambe tandis qu'il tente d'enfiler une chaussette noire. Il perd l'équilibre, elle lui tend la main. Elle croise son regard inquiet. Alors elle éclate de rire. Ses nerfs lâchent, elle tombe assise sur le lit. Le rire se déverse, grelotte hors d'elle à n'en plus finir, entraînant tout sur son passage, les longues soirées à veiller, l'angoisse, puis le chagrin. Mal aux mâchoires. Elle s'essuie les yeux, le regarde tendrement. Il lui sourit.

Il est l'heure.

Ils vont pouvoir affronter l'épreuve des condoléances.

Ce rire-là, c'est le rire qui nettoie, le rire qui rééquilibre les corps et les cœurs, le rire insolite, le rire salvateur dans une situation qui n'a rien de risible. Racontez, vous aussi, la survenue d'une réaction insolite par rapport à une situation vécue ou imaginée.

Le portefeuille frétillant

C'étaient les soldes. Elle avait le portefeuille frétillant. Son goût pour les colliers et les breloques la menait souvent dans une boutique où ces petits machins n'étaient à portée de budget qu'en période de soldes.

Ce jour-là, une foule dense s'arrachait des écharpes vendues à 50 % de leur prix initial. Mais certaines n'en valaient même plus 25. Des rossignols d'il y a deux ou trois ans complètement défraîchis.

Elle vit alors des boucles d'oreilles, des anneaux d'un respectable diamètre, dignes de La Vache qui Rit.

Elle les paya bien vite, le rouge au front, en s'octroyant le droit d'oublier qu'elle avait eu le projet d'un cadeau pour l'anniversaire de sa belle-mère.

Des achats, des envies de vous faire plaisir. Racontez un petit fragment du quotidien. Écrivez à partir de trois fois rien. Amusez-vous.

Le gant vert

C'était un gant vert en velours, garni de fourrure. Unique. Pour une fée qui n'aurait qu'une seule main, la droite. Il traînait tout mouillé sur un lamentable terrain vague parmi les canettes écrasées et les sacs en plastique déchirés.

Une petite écolière était passée là, l'avait vu et emporté sans intention particulière, juste attirée sans savoir pourquoi par ce gant vert de main droite. Un jour, se dit-elle, je raconterai des histoires et « Le gant vert » sera la première. L'histoire commencera sur un terrain vague…

Racontez cette histoire, faites confiance à votre imagination et laissez-lui le champ libre.

Utilisez l'outil « Réalité et fiction », p. 56 et l'outil « Comment raconter vos histoires », p. 57.

La Tarzane

Elle sait maintenant ce qu'est un cœur ouvert.

Dans son enfance, elle s'amusait souvent chez sa grand-mère, avec toutes sortes d'étoffes gardées précieusement à son intention. Un bout de soie ou de fourrure et un peu d'imagination lui permettaient d'aller gratis en quelques secondes en Chine ou en Inde et de devenir une femme, un gamin, une religieuse ou une fée sans quitter la maison de tous les rires, la maison de sa maman d'appoint.

Ce jour-là, elle avait tourné autour de sa taille une bande de tissu à lignes noires sur fond beige, qui évoquait les rayures du tigre. Sa grand-mère avait dit : « Quelle jolie Tarzane ! »

Et l'enfant aussitôt avait couru vers la barrière au fond du jardin, qui communiquait avec la maison de ses parents.

Tout à la joie d'être devenue pour quelques instants une authentique fille de la jungle, elle s'était précipitée vers son papa en sautillant dans sa petite jupe de Tarzane.

Un regard, un seul, des sourcils qui se froncent, une demi-lèvre supérieure qui se retrousse et un mot, un seul, une flèche, en plein cœur : « Vulgaire ! »

Et le cœur de la petite fille, qui s'était si grand ouvert, avait été brisé en deux d'un seul coup.

Un cœur brisé est un cœur ouvert[1].

À partir de : « Quelle jolie Tarzane ! », créez une autre fin de texte.

La salopette rouge

Elle était rouge. En velours côtelé. Et les bretelles se fixaient au tissu par des petites mains métalliques.

Comme chez nous tous les vêtements étaient transmis de l'aîné vers les cadets, j'héritais, moi, la seule fille, de vêtements pour gamins, qui avaient connu les bagarres de la récré et le terrain de foot.

Et la coquette en moi cherchait des bracelets ou des pinces à cheveux multicolores pour affirmer sa féminité malgré la salopette rouge en velours côtelé qu'il fallait user jusqu'à la corde.

---

1. Cette dernière phrase est extraite du livre *Les Cartes de l'Enfant Intérieur*, d'Isha et Mark Lerner. Voir en bibliographie.

J'ai appris qu'après moi, la salopette rouge, multireprisée et rapiécée, a été transmise une dernière fois par les bons soins de ma mère. À qui? Je ne saurai sans doute jamais quel enfant a eu cet insigne horreur, pardon, honneur.

L'histoire d'un vêtement : racontez, inventez si ça vous chante. Un soutien-gorge, des moufles, une jupe… bien plus que de simples couvre-corps.
Utilisez l'outil « Réalité et fiction », p. 56.

Frustrations

Elle avait dit : « Tu peux rire, mais gare à toi, si tu ris de moi ! »
La petite avait très bien compris l'avertissement de cette mère aux colères imprévisibles. Elle faisait attention. Son père ne voulait pas s'occuper d'histoires de femmes. Il s'esquivait.
Souvent la mère se plaignait de devoir tous les jours préparer à manger pour l'homme et l'enfant, sans jamais être remerciée. Mais il n'y avait rien à faire, les mercis ne venaient pas.
L'homme travaillait dur, ses mains étaient rêches et calleuses. Il ne caressait jamais la tête de l'enfant, comme s'il avait honte de ces mains-là. Pourtant, elle, la petite, elle aurait bien aimé sentir sur ses cheveux les doigts du père qui auraient glissé tout doucement. Elle avait ce besoin-là, d'être touchée.

Je vous propose de centrer votre attention sur un des trois protagonistes de cette scribulette et de développer librement un bref paragraphe concernant ce personnage :

- Si vous choisissez la mère, écrivez à la suite de : « Tu peux rire, mais gare à toi si tu ris de moi. » Il s'agit de nous faire un peu comprendre qui est cette femme, comment elle est devenue comme ça, pourquoi elle a épousé cet homme-là. Racontez et expliquez ce qui vous convient.
- Si vous choisissez le père, écrivez à la suite de « L'homme travaillait dur, ses mains étaient rêches et calleuses. » Et développez ce qui vous paraît intéressant.
- Si vous choisissez la petite, continuez après : « Elle avait ce besoin-là, d'être touchée. »

Il n'est pas nécessaire que votre création se replace exactement dans le texte d'origine.

Utilisez l'outil « Coup d'œil sur différents regards », p. 86.

Mon village

C'est un village dont la rue principale, large et courte, témoigne d'un temps ancien facile avant que guerres et tempêtes ne le dévastent.

Très vite, le visiteur arrive dans des ruelles aux pavés disjoints entre lesquels on peut voir des herbes jaunies. Quelques maisons sombres, écrasées, peu de fenêtres. Des tuiles arrachées.

Face à l'église, une maison a été transformée en Musée des Vieilles Croyances. La porte est toujours ouverte. Tout le monde peut y déposer son matériel périmé, les dons sont les bienvenus. D'anciens comportements, des préjugés, des freins sont là dans plusieurs salles d'exposition. Ils évoquent les vies qui se sont jouées ici ou ailleurs, des gens comme vous et moi qui croyaient que…, qui ne savaient pas…, qui auraient voulu…

Dans leur vase, des roses fraîches, renouvelées chaque jour, remercient les croyances à la retraite pour les services qu'elles ont rendus en leur temps.

Près de l'école, un panneau triangulaire montre trois enfants qui jouent à la marelle car ici, dans ce village marqué au fer rouge de la vie, la vie justement a doucement refleuri.

Faites connaître votre village intérieur, vous aussi. Passé ou actuel. Avec tendresse et respect pour vous-même, si possible. Ceci est hautement symbolique, c'est une expression de soi très puissante.

Utilisez l'outil « Comment raconter des histoires (auto)-aidantes », p. 58.

L'empereur Cherchesens

L'empereur Cherchesens régnait autrefois sur un lac gelé toute l'année qui servait de patinoire à ses sujets. Chaque jour, il chaussait ses patins et glissait harmonieusement sur la surface blanche qui crissait sous les lames d'acier. Il piquait volontiers une pointe de vitesse, tournait et virevoltait. Ensuite, calmé, il effectuait de longs pas glissés, calmes et réguliers.

Sur la glace, ses sujets tentaient d'exprimer leur vigueur, leur fougue mais aussi leurs émotions, leurs tracas et leurs joies. Et l'empereur Cherchesens savait décoder ces messages patinés.
Mais l'empereur avait une préoccupation. Souvent il se demandait de quoi étaient faites les surfaces d'en bas. Ce qui était gelé au-dessus, l'était-il aussi sous le sol ?
Il convoqua ses ingénieurs, rassembla ses équipes d'ouvriers patineurs et leur fit tracer des sentiers, des petits chemins munis d'escaliers pour aller explorer les profondeurs sous la glace.
Le sous-sol avait une coloration orange et ocre. Il y faisait chaud et les travaux mettaient les hommes en transpiration. L'empereur Cherchesens les dirigeait et semblait vouloir découvrir quelque chose de précis.

Que cherchait l'empereur Cherchesens ? L'a-t-il trouvé ? À vous de continuer et terminer l'histoire. Utilisez l'outil « Comment raconter des histoires (auto)-aidantes », p. 58.
Lisez le texte obtenu à quelqu'un de confiance. Ressentez la puissance de votre conte métaphorique. Utilisez l'outil « Lire votre texte à haute voix », p. 18.

Dommage. Bravo

Dommage, les ailes mauves du petit ange blond sont fichues ! Petit à petit, elles se sont déplumées et effilochées.
— C'est normal lui dit un spécialiste des avatars des ailes d'anges, qui a un petit atelier de réparation au fond de son jardin. C'est l'usure. Je vais vous en faire des nouvelles.
Il se met au travail, et après quelques jours, il invite le petit ange blond pour un premier essayage. Il l'aide à endosser ses nouvelles ailes en métal inaltérable. Il suffit de les placer sur ce qui reste des ailes d'origine. Le petit ange blond s'envole. Les ailes cliquettent, les virages sont plus difficiles qu'avant. L'atterrissage hasardeux.
Le petit ange blond se demande comment il pourra vivre avec cette ferraille dans le dos.
Ses yeux sont pleins de larmes.
— Sont-elles amovibles ? demande-t-il d'une voix qui tremble un peu.
— Certainement, rassure le spécialiste des ailes artificielles. Il vous suffit de les détacher comme ceci. Et il lui montre comment les déclipser.

Le petit ange blond décide de n'utiliser son nouveau matériel que pour les longs vols. Il continue à vivre en bonne entente avec ses ailes brisées. C'est avec elles qu'il va chercher son pain chaque jour, même si c'est plus lent. Elles lui ont rendu tant de services, il veut leur montrer sa reconnaissance.

Parfois, je vois passer dans mon ciel le petit ange blond. Il a peint ses ailes artificielles de la couleur mauve qui lui allait si bien. J'entends cliqueter l'acier dans les virages. Souvent, je lui fais signe. Je mets mes mains en porte-voix et je lui crie : « Bravo ! Tu es magnifique ! »

Racontez une autre histoire aidante qui aurait aussi pour titre « Dommage. Bravo ».
Utilisez l'outil « Comment raconter des histoires (auto)-aidantes », p. 58.

Et hop !

Il marche derrière ses parents, tout occupés à s'insulter. L'homme est tonitruant. La femme monte dans les aigus.

Lui, c'est un tout petit bonhomme, trois ou quatre ans à peine, confronté à une mission quasi impossible. Suivre ces deux-là dans une rue animée du centre-ville, ces deux-là qui semblent avoir oublié sa présence et ne se retournent pas, ne lui parlent pas, tellement pris par leur bagarre de mots.

Il tient dans une main potelée une barquette de frites surmontées d'une bonne dose de mayonnaise tremblotante. De l'autre main, il essaye d'embrocher avec sa fourchette en plastique bleu les fameuses frites saucées. Il marche aussi vite que ses gambettes le lui permettent.

Son regard quitte souvent son repas ambulant pour se porter vers les deux adultes. Ça va, ils sont toujours là, devant lui. Il ouvre alors une grande bouche et hop ! avale bien vite une grande lanière grasse. Parfois, il rate son coup de fourchette et un peu de son dîner crispé tombe sur le trottoir.

Un moment d'enfance douloureux… Inventez une histoire aidante pour l'enfant en difficulté. Utilisez l'outil « Comment raconter des histoires (auto)-aidantes », p. 58.
N'hésitez pas à faire parler des animaux, à inventer un objet magique. Utilisez l'outil « Libérateurs de créativité », p. 32.

Fin de la troisième étape

Faites le point si vous utilisez la démarche progressive pour libérer votre écriture par ce livre.

Avez-vous rencontré des difficultés au cours de cette partie-ci ?

Si oui, je vous invite à tracer quatre colonnes dans votre cahier d'écriture. La première est consacrée à l'état présent (là où vous en êtes maintenant), la deuxième à ce qui vous pose problème, la troisième à ce dont vous pourriez avoir besoin pour lever le blocage et la quatrième à l'état désiré (l'objectif atteint).

Écrivez ce qui vous semble juste dans chacune des colonnes.

Reprenez plusieurs fois l'écriture dans ces quatre colonnes pour favoriser l'émergence de vos solutions personnelles.

Représentez vos solutions en les dessinant de la manière qui vous convient.

Vous familiariser avec l'écriture poétique

Pour entrer dans une écriture poétique, ouvrez-vous à vos émotions, à vos sensations et à votre envie ou même votre besoin de les exprimer d'une manière personnelle.

L'écriture poétique libre est une autre voix, loin des autoroutes à six voies. C'est une forme qui vous invite à oser dire autrement la goutte d'eau, les pantoufles à pompon ou le bol de soupe fumante. C'est une image, un ressenti, qui se jette sur la feuille blanche.

La créativité poétique

Comment procéder?

Les notions de rimes et de vers, les règles et les contraintes de la poésie classique ne sont pas de mise dans ce vaste espace de liberté poétique. Les majuscules et la ponctuation peuvent être absentes.

- Sur le sujet qui vous inspire, vous pouvez commencer par écrire des mots seuls, détachés les uns des autres, sans faire de phrases. Laissez-les simplement émerger dans un état de détente.

- Occupez l'espace de la page très librement. Quelques mots à peine, suivis d'un retour à la ligne au gré de vos envies et de vos ressentis, encore quelques mots et ainsi de suite.

Cette fragmentation en morceaux de ligne d'écriture pour raconter un simple souvenir vous mène *illico* en poésie libre. Doucement et avec souplesse, le récit se place d'une façon particulière par rapport à ce qui se fait d'habitude. Les constructions de phrases et le langage s'adaptent aussi. Presque sans votre volonté[1].

Quelques pistes

- Des mots courants en relation avec d'autres mots plus inattendus, des mots audacieux et même des constructions incorrectes peuvent faire partie de vos choix. Voir scribulette *Souhaits*, p. 77.

  Chers souhaits souhaités
  Venez
  Je vous me souhaite
  Et je nique la syntaxe
  ...

- S'exprimer de manière imagée, faire voir quelque chose d'original par des termes bien associés ou même inventés fait partie de l'écriture poétique. Voir scribulette *Créativité*, p. 77.

  Fragrances veloutées de fleurs et d'agrumes
  Dunes de ma mémoire farfelue
  Galipounettes de mes lutins intérieurs
  ...

---

1. Voir en bibliographie, *Enfance portative*, par Colette Nys-Mazure.

>

- Choisir des mots dont les sonorités sont proches procure une impression de reprise, de répétition, perçue lorsqu'on écoute le poème. Voir scribulette *Souhaits*, p. 77.

  Et toi mon moi retrouvé
  Après des ans et des mois d'émois
  Reste avec moi

  Voir scribulette *Ma burette*, p. 25.

  Ça gratte, ça grince, ça grippe ?
  …

- Répéter à plusieurs reprises des mots ou une courte phrase relance l'énergie et la créativité de l'écrivant qui s'essaye à l'écriture poétique, tout en rythmant son texte. Voir scribulette *Et ouf*, p. 76.

  Tant de cul-de-sac
  Tant de ruelles obscures
  Tant de ronds-points
  Dépourvus de sorties

  …

Lisez tout haut votre texte poétique libre afin d'entendre et de ressentir sa musique, son rythme, sa force ou sa douceur et son originalité. C'est votre créativité vibrante et votre justesse intérieure qui se sont exprimées. Écrire n'est pas ici une prouesse technique, c'est un acte naturel, qui correspond à des fragments de vous-même que vous déposez sur le papier complice.

En pratique

Exercez vous à partir des scribulettes *Orange saumon potiron*, p. 74, *La carte postale*, p. 74, *Rien qu'une*, p. 75, *Et ouf*, p. 76, *Souhaits*, p. 77, *Créativité*, p. 77, *Dunes*, p. 78, *Spectacle*, p. 78, *Une orange magnifique*, p. 79.

Écrire des haïkus

Les haïkus[1] sont des poèmes très courts qui se sont développés au Japon à partir du XVIIe siècle. Inspirés de l'observation d'un détail, ils sont souvent en relation avec la nature et les saisons. Les Occidentaux les ont adoptés et écrire des haïkus est devenu un plaisir pour bon nombre de personnes.

Quelques notions sans crispation !

Le poème est concret, pas de métaphore. C'est une image, un petit flash sensoriel, sans rimes. Il compte dix-sept syllabes généralement réparties comme suit : une ligne de 5 syllabes, puis une de 7 et enfin une de 5. Vous aurez compris qu'il faut éviter tout mot inutile !

Pour quoi faire ?

Moi qui aime l'audace et la liberté, je vous propose ici une écriture sous contraintes assez fortes. Ça peut être intéressant et nullement masochiste. L'obligation de triturer les quelques malheureux mots qui vous font envie, les déplacer, supprimer les articles, choisir des termes plus imagés et compter laborieusement les syllabes à chacune des trois lignes… c'est en fait jouer avec la langue, avec les mots. C'est chercher le plus juste et le plus bref dans vos formulations. Écartez-vous des thèmes de la nature et des saisons s'ils ne vous passionnent pas. Et n'en faites pas un drame si quelques syllabes vous restent sur la plume. Un exemple :

ciel noir violet
– il n'est pourtant que midi –
picotis de pluie

En pratique

Exercez-vous à partir des scribulettes *Chatons*, p. 74, *Poireaux*, p. 77, *Plume*, p. 79.

---

1. Pour en savoir plus, voir en bibliographie, *Petit manuel pour écrire des haïkus*, par Philippe Costa, *Haïkus de prison*, par Lutz Bassmann et *Haïku du XXe siècle, Le poème court japonais d'aujourd'hui*, par Corinne Atlan et Zéno Bianu.

Essayer le slam

Le mot «slam» vient de l'argot américain et se traduit par «claque». C'est une forme moderne d'expression artistique, une poésie d'aujourd'hui qui se déclame dans les bars et autres lieux publics. Il s'agit de «claquer» l'auditeur, de le secouer, de l'émouvoir avec des mots et les images qu'ils suscitent, en moins de trois minutes. Le slam[1] se pratique souvent *a cappella*, c'est-à-dire sans accompagnement d'instruments.

Quelques pistes

- Dans cette approche, il est certainement intéressant de se détacher d'un goût de puriste pour le langage. Ici, c'est l'oral, comme il vient, avec ses approximations, des mots souvent simples et de l'argot.

- Jouer avec des sonorités proches et faire des rimes est fréquent. Par exemple :

  J'suis allé à fond, tout au bout du bout des clopes, de la dope et des médocs
  J'avais pas peur, souvent je tombais en syncope
  (Lisez la scribulette *Sortir les mots*, p. 80).

- Le verlan est parfois de la partie. Il consiste à inverser les syllabes d'un mot. Par exemple : *ché/bran* pour *bran/ché* ou *che/lou* pour *lou/che*.

- Pour dire du slam, il ne faut pas prononcer certaines voyelles. Par exemple : *j'veux* pour *je veux* ou *t'iras là* pour *tu iras là*. Cette façon de dire le texte est plus rapide et donne du rythme.

En pratique

Exercez-vous à partir des scribulettes *Sortir les mots*, p. 80, *Petit têtard*, p. 76.

---

1. Pour en savoir plus, voir en bibliographie, *Le slam, poésie urbaine*, par Jean Faucheur, Brigitte Stephan et Didier Baraud.

Orange saumon potiron

Dans un coin rose de mon enfance
Il y a une petite fille vêtue d'une robe orange
Orange un peu saumon
Orange un peu potiron
Enfin un drôle d'orange
Dans un coin rose de mon enfance
La petite fille est sur la scène d'un théâtre
Elle dit un texte d'Alphonse Daudet
Elle se sent libre
Elle se sent chèvre de Monsieur Seguin échappée de son enclos
Dans un coin rose de mon enfance
Il y a une petite fille en robe orange
Qui se sent vraiment vivante.

Et vous qu'y a-t-il dans un coin rose de votre enfance ? Osez la forme poétique libre, sans rimes obligées. Une simple disposition du texte avec retours à la ligne fréquents et on entre en poésie mine de rien. Le « elle » au lieu du « je » favorise une mise à distance, une approche qui n'est pas un plongeon dans le vécu.
Utilisez l'outil « La créativité poétique », p. 70 et l'outil « Vous exprimer de façon imagée », p. 37.

Chatons

chatons de dix jours
langues râpeuses et ronrons
contre mes mollets

Quel animal, insecte ou poisson avez-vous envie de faire jaillir d'un haïku ? En trois lignes brèves.
Utilisez l'outil « Écrire des haïkus », p. 72.

La carte postale

Le texte sur la carte postale commençait par ces mots :
« Hello, chère Maman ! »
La vieille dame avait le teint gris et les yeux vides. Elle était assise à

sa table, dans la vaste salle à manger de la Résidence de repos pour personnes âgées. Seule. Il était seize heures.
Elle semblait cramponnée à sa carte du Maroc qu'elle relisait en boucle comme si chaque mot lu annulait tous les précédents, comme si le message était étonnant ou incompréhensible.
Il restait deux heures à tirer, à étirer avant le repas.
« Hello, chère Maman ! »

Laissez émerger par quelques mots vos réactions émotionnelles à la lecture de cette scribulette. Exprimez-les dans un texte poétique très libre.
Utilisez l'outil « La créativité poétique », p. 70.

Rien qu'une

Aujourd'hui je me sens
Tremblante et troublée
Une larme oh ! rien qu'une
Pourrait même se chercher un chemin
Des cils à ma joue
Je suis une intruse
Dans mon jardin où les roses
– L'union fait la force –
Me dévisagent avec aigreur
Défendues par leur armée d'ergots épineux
Une larme émerge enfin
de son réservoir et de sa réserve
Pour descendre doucement le long de mon nez
Et venir se perdre
dans un sillon courbe
Près de ma bouche

Une larme sans cause bien définie, une larme qui ne sait pas trop si elle veut couler. Je vous invite à entrer dans ce thème étrange du spleen, exprimez-le, dites comment il se manifeste et déforme votre vision du réel. Je vous le rappelle, respectez-vous. Ce n'est pas le moment pour vous d'évoquer un coup de cafard ou un trouble diffus ? Osez dire « non » et faites autre chose.
Utilisez l'outil « La créativité poétique », p. 70.

Petit têtard

On n'arrête pas de tourner autour de ton berceau
Faut dire que tu es ce qu'on a fait de plus beau
Ton papa et moi un soir de java
On était deux gosses, deux rouletabosse
Fêtards, faiseurs de canulars
Et d'un coup on a viré faiseurs de moutard
Et te voilà, toi, petit têtard
On n'arrête pas de tourner autour de ton berceau
Faut dire que tu es ce qu'on a fait de plus beau
Ton papa et moi un soir de java

Dans une scribulette-slam sur tout sujet qui vous intéresse, jouez avec les mots et avec les sonorités.
Utilisez l'outil « Essayer le slam », p. 73.

Et ouf

Tant de culs-de-sac
Tant de ruelles obscures
Tant de ronds-points
Dépourvus de sorties
Tant de sapins
Alignés dans des forêts froides
Tant de colonels
Tant de Marche au pas
Et ouf !
Une étoile
Toute petite toute ronde
À jeter d'un geste large
Dans l'espace infini
Dans quel cœur
Ira-t-elle germer

Avec la structure « Tant de » répétée plusieurs fois, suivie plus loin de « Et ouf ! », écrivez un texte poétique libre sur tout thème ou ressenti qui vous inspire. Si vous êtes dans la joie et l'humour, essayez donc « Tant de mayonnaise sur les frites… ». Histoire de ne pas vous laisser enfermer dans une thématique morose.
Utilisez l'outil « La créativité poétique », p. 70.

Souhaits

Chers souhaits souhaités
Venez
Je vous me souhaite
Et je nique la syntaxe
Toi Énergie
Toi Espoir
Toi Voyage autour du monde
Venez
Et Toi mon moi retrouvé
Après des ans et des mois d'émois
Reste avec moi

Entrez en poésie en toute simplicité. Choisissez une ligne ou deux de ce poème comme démarreur d'un poème personnel et continuez librement.
Utilisez l'outil « La créativité poétique », p. 70.

Poireaux

jardin potager
en rangs par deux les poireaux
pouah ! quel régiment

Un ressenti émerge d'une observation que vous avez faite ? Lâchez-le de façon concise sur papier.
Utilisez l'outil « Écrire des haïkus », p. 72.

Créativité

Fragrances veloutées de fleurs et d'agrumes
Dunes de ma mémoire farfelue
Galipounettes de mes lutins intérieurs

Je me dis de mille manières
Créativité ma belle
Tu es toute en moi

Je me dis de mille manières… Un p'tit poème libre à propos de votre créativité ? Utilisez l'outil « La créativité poétique », p. 70.

Inventez un mot et placez-le dans votre création. Utilisez l'outil « Inventer des mots », p. 34.

Dunes

Je marche dans les dunes ondoyantes, marquées çà et là par les empreintes éphémères de mes chaussures.

Tu étais mon guide, tour à tour fée, caresse, présence et foudre.

Et mon sable intérieur garde une mosaïque de traces de toi.

Aujourd'hui, tu perds tes propres traces et tu t'égares dans les sables mouvants de ta mémoire effilochée.

Tu me demandes quel est ton âge. Tu te crois en automne. Tu es en hiver.

Tu marches à reculons en dehors de tout repère, tu retournes à ta source.

Mais moi, Maman, je continue à sillonner les dunes.

Je veux voir l'océan.

Et vous, en marchant dans vos dunes personnelles ou dans des dunes imaginaires, avec qui avez-vous envie de vous mettre en relation ? Et qu'avez-vous envie de voir et de dire dans une forme poétique simple ?

Utilisez l'outil « La créativité poétique », p. 70.

Spectacle

La vigne vierge a envahi le mur mal rejointoyé.

Pluvieux dimanche de septembre.

Les feuilles rouges s'animent, m'offrent un de leurs derniers spectacles.

Hésitation dans le dialogue entre les couleurs fruitées.

Fraise, cerise et framboise se disputent le rôle principal.

Regarder encore demain.

Dimanche prochain, cette pièce ne sera plus à l'affiche.

Un arbre, quelques fleurs, de l'herbe verte ou jaunie, un coin de ciel bleu, le spectacle éphémère de la nature selon les saisons... Utilisez l'outil « La créativité poétique », p. 70.
Intégrez à votre texte-poème quelques mots sélectionnés dans la scribulette si vous le souhaitez. Utilisez l'outil « Libérateurs de créativité », p. 32.

Plume

pages de lumière
arabesques de la plume
plaisirs de papier

Laissez vagabonder votre esprit à la recherche d'un petit rien à exprimer en peu de mots.
Utilisez l'outil « Écrire des haïkus », p. 72.

Une orange magnifique

En elle
Une orange magnifique
Chair savoureuse
Jus généreux
Ma petite regarde le soleil

Ciel noir
Pluies torrentielles
Orange amère
Ma petite est sans jus
Attendre la suite

Passage en brousse
Et en broussailles
Singes grimaçants
Orange silence
Attendre encore un peu

Elle retrouve le chemin
Qui mène aux orangers

Chair savoureuse
Jus généreux
Son orange va vers le soleil

Une personne-fruit dans votre vie ? Parlez d'elle en quelques phrases courtes. Utilisez l'outil « La créativité poétique », p. 70. Revenez régulièrement à la ligne et répétez certaines phrases. Lisez tout haut. Entendez-vous. Utilisez l'outil « Lire votre texte à haute voix », p. 18.

Sortir les mots

Y a pas à dire l'ambiance dans le bar est glacée
Les gens ont l'air blasés
Mais ma tête et ma bouche se sont préparées
Les mots veulent sortir, c'est sûr, même si c'est dur
Et je prends le risque d'aller dans le mur
C'est qu'aujourd'hui je reviens de loin
J'ai fait déjà un sacré bout de chemin
Non non, ce n'est pas une confession
Et je ne vous demande pas la permission
J'suis allé à fond, tout au bout du bout des clopes, des médocs
et de la dope
J'avais pas peur, souvent ma tête était en syncope
J'ai tout jeté par-dessus bord
Pour pas devenir un jour con comme un porc
En moi reste juste une dernière graine saine
Je l'ai semée, elle va pousser, quelle veine
Y a pas à dire l'ambiance dans le bar est glacée
Les gens ont l'air blasés
Mais ma tête et ma bouche se sont préparées
Les mots veulent sortir, c'est sûr, même si c'est dur
Et je prends le risque d'aller dans le mur

Sur quel sujet vos mots ont-ils envie de sortir ? Écrivez-les, sans aucune recherche d'effets. Dites vos phrases tout haut. Sentez leur rythme et leur force.
Utilisez l'outil « Essayer le slam », p. 73.

Fin de la quatrième étape

Faites le point si vous utilisez la démarche progressive pour libérer votre écriture par ce livre.

Je vous propose de faire un simple relevé des formulations belles ou étranges que vous avez produites dans cette partie. Disposez-les à votre façon sur la page blanche.

Appréciez vos réussites et faites-vous un compliment, quelques félicitations à votre manière.

(Ré)utilisez l'outil « Empiler vos succès », p. 20.

Exprimer vos ressentis et votre monde intérieur

« On ne voit bien qu'avec le cœur. L'essentiel est invisible pour les yeux. »
Antoine de Saint-Exupéry

*« Nous ne regardons, nous ne regarderons jamais assez,
jamais assez juste, jamais assez passionnément. »*
Colette

Mettre des mots sur vos émotions, exprimer des joies et des souffrances, descendre dans l'intimité de votre être profond. Vous révolter ou négocier avec les autres et vous-même.

Certaines scribulettes vous invitent à faire un travail d'approfondissement de votre monde intérieur face à la feuille blanche.

C'est vraiment l'occasion rêvée pour avancer et écrévoluer.

Sentir battre le cœur de votre plume

Ressentir et exprimer des émotions

Pour pouvoir écrire avec tout votre être sensible, il est souhaitable d'accueillir et d'accepter les émotions qui se présentent sur le sujet abordé par votre plume. Il s'agit de retrouver ces états particuliers, de vous y reconnecter en prenant le temps voulu.

Pour y parvenir, vous pouvez commencer une phrase par «Je me sentais…» ou «Il/elle se sentait…» si vous rédigez à la troisième personne. Vous choisirez ensuite ou laisserez s'imposer le terme qui vous paraît le plus juste.

Avoir un réservoir de mots appropriés pour désigner vos émotions dans leurs nuances infinies[1] peut vous aider. Par exemple :

- Un plaisir : de l'amusement? de l'euphorie? une simple satisfaction?
- Une peur : de l'appréhension? de l'anxiété? de la panique? de l'épouvante?

Laisser deviner

Si vous préférez laisser deviner vos ressentis, adopter une écriture simple, pudique et contenue, libre à vous. Il est possible dans ce cas de sous-entendre la nature d'un état émotionnel en décrivant concrètement le comportement qui y correspond : marcher, se mettre à courir, rester figé sur place, laisser tomber un objet…

Les signaux corporels fournissent aussi des informations intéressantes : rougir, trembler, transpirer, avoir le souffle coupé, le cœur qui s'accélère…

Le lecteur ou l'auditeur, s'il y en a un, est alors libre de donner sens par lui-même à ce passage de votre texte.

Profiter pour votre développement intérieur de cette écriture émotionnelle

Dans ce contexte, je vous suggère de déposer sans jugement vos jubilations, vos désastres et vos stress sur le papier, si possible au sein d'un

---

1. Pour en savoir plus, voir en bibliographie, *La gamme des émotions*, par Guy Archambault.

atelier, pour y évoluer à votre rythme. Gardez vos textes, relisez-les et appréciez votre évolution.

Pour explorer votre monde intérieur, l'outil qui me paraît le plus approprié est *Le Journal créatif*[1] développé par Anne-Marie Jobin.

En pratique

Exercez-vous à partir des scribulettes *Le cœur déboutonné*, p. 88, *Mes fleurs*, p. 90, *Juste moi-même*, p. 92, *Le sourire*, p. 93, *Je ne suis pas fort chaud*, p. 94, *Dialogue avec mon ange*, p. 95, *La meilleure*, p. 96, *En attendant*, p. 97, *L'oseille*, p. 98, *Le fou à clochettes*, p. 99, *Alphabétisation émotionnelle*, p. 99, *Envie de la protéger*, p. 100, *Extraits de mon journal intime*, p. 102.

---

1. Voir en bibliographie.

Coup d'œil sur différents regards

Différences de regard selon les personnes

Si vous regardez une rose rouge en même temps qu'une autre personne, vos textes seront différents. Vos chemins d'écriture ne seront pas les mêmes, parce que vous-mêmes n'êtes pas les mêmes. Vous choisirez les détails qui vous conviennent. Vos expériences du rouge, des roses, vos souvenirs, vos joies ou vos déceptions viendront orienter votre écriture dont l'intention est pourtant la même : donner à voir cette rose rouge.

Différences de regard selon le moment

Vous exprimerez autrement demain ce que vous décriviez hier parce que votre état d'esprit ne sera pas le même. L'écriture du regard varie en fonction de vos états intérieurs. Elle suppose une réceptivité, un état favorable sans lequel vous ne verriez même pas «ce qui saute aux yeux».

Regard d'observateur

Parfois vous observerez finement, dans le détail, de manière minutieuse. Cette observation sera parfois sèche. Vous écrirez alors sans état d'âme d'une manière aussi objective que possible. Cette écriture est celle du chercheur qui regarde une fourmi au microscope. Lorsque vous regardez et écrivez de cette façon, vous pouvez obtenir des textes sobres, retenus et par là même poignants.

Lisez la scribulette *Le cœur déboussolé*, p. 98.

Regard multisensoriel

Il vous arrive sans doute de percevoir une situation avec un regard multisensoriel, qui exploite également les informations fournies par les oreilles, le nez, la bouche, le toucher et les émotions.

Pour en savoir plus, utilisez l'outil «Exploiter les informations issues de votre système sensoriel», p. 87.

Exploiter les informations issues de votre système sensoriel

Quelques pistes

* Il vous arrive de « voir » une situation non seulement avec vos yeux mais aussi avec les oreilles, le toucher, l'odorat, les saveurs, le mouvement et les émotions.

  La Programmation Neuro-Linguistique (PNL) a une approche très intéressante du système sensoriel qu'elle nomme le VAKOG : Visuel – Auditif – Kinesthésique (mouvement, toucher, sensations, émotions) – Olfactif – Gustatif.

  Selon la PNL, chaque individu a sa façon personnelle et unique d'utiliser son système sensoriel dans les diverses situations qui se présentent à lui. Ainsi des personnes interrogées lors d'un micro-trottoir après un grave incendie exprimeront ce qu'elles ont perçu en fonction des informations fournies par leurs capteurs privilégiés.

  – « J'ai vu des flammes gigantesques. »

  – « Moi, l'explosion m'a réveillé, puis j'ai entendu une sorte de grondement. »

  – « La chaleur était insoutenable. »

  – « Ça sentait le roussi. »

  Vous comprendrez mieux votre fonctionnement sensoriel personnel avec la PNL[1].

* Quand vous écrivez une scribulette de ressentis et d'émotions, il est judicieux de passer par le VAKOG et de ne pas vous limiter, par exemple, à une information uniquement d'ordre visuel.

  Testez-vous. Découvrez vos approches sensorielles de prédilection et exploitez les possibilités de plume qui en découlent.

  Lisez la scribulette *Frisson de bonheur*, p. 22.

En pratique

Exercez-vous à partir des scribulettes *L'épicerie*, p. 89, *Lit conjugal*, p. 91, *Le casque*, p. 92, *En ce temps-là*, p. 100, *Extraits de mon journal intime*, p. 102.

---

1. Pour en savoir plus, voir en bibliographie, *Derrière la Magie. La Programmation Neuro-Linguistique*, par Alain Cayrol et Josiane de Saint-Paul.

Le cœur déboutonné

J'avais choisi une table à l'ombre sous l'auvent rouge délavé du bistrot de la place. Et, le cœur déboutonné, je regardais les gens passer.

Je captais ainsi des petits bouts de vie épars, des échantillons d'humanité, tout en buvant mon jus d'ananas.

Une maman s'affairait auprès d'un énorme landau biplace qui ressemblait à une nacelle de carrousel. Dedans, deux gros jumeaux aux yeux noirs s'époumonaient. Un gamin blond et maigre leur tendait puis leur retirait une petite bouteille d'eau, ce qui décuplait la rage conjointe des bébés.

Le père se tenait à distance des siens, les yeux vides, un sac d'oranges à la main.

Soulignez ou recopiez de un à trois mots ou expressions qui vous ont surpris ou vous ont plu dans ce texte. Qu'est-ce que ça veut dire pour vous « avoir le cœur déboutonné » ? Vous, qu'avez-vous vu, un jour où vous aviez le cœur déboutonné ? Écrivez simplement, en toute confiance. Sans vous juger ni viser la performance. Intégrez à votre scribulette le ou les mots choisis.

Utilisez l'outil « Libérateurs de créativité », p. 32 et l'outil « Sentir battre le cœur de votre plume », p. 84.

Synchronisés

Ils sucent d'abord la demi-rondelle de citron de leur apéritif et déposent l'écorce sur une serviette en papier.

Ils mangent avec de longues mastications une salade pour deux, alternant les coups de fourchette madame-monsieur.

La pizza de 14 centimètres de diamètre arrive. La chorégraphie reprend : un triangle pour elle, un triangle pour lui.

Et chacun, un raisonnable verre de vin blanc.

Je me sens soudain immonde avec mon demi-litre de bière et mon assiette de spaghettis fumants.

Pour eux, le repas est terminé. Synchronisés, ils déposent, leurs couverts et j'entends presque le coup de cymbale final d'un orchestre imaginaire.

Je regarde leurs pieds sous la table. Ils portent de robustes sandales, les mêmes, à lanières de cuir, et des chaussettes blanches.
Mon sourire revient, je me réconcilie avec moi-même, et avec eux aussi, ma foi !

Dans un bistrot, au restaurant, dans un jardin public…, observez finement. Faites émerger le regard d'un cœur déboutonné ou déboussolé.
Lisez la scribulette *Le cœur déboutonné*, p. 88 et *Le cœur déboussolé*, p. 98.

L'épicerie

L'épicerie vient d'être vendue. La petite octogénaire courbée qui l'avait fait prospérer avant le déclin des commerces de proximité s'en est allée. La trancheuse à fromage manuelle ne servira plus et les emballages gris maintenus par un élastique appartiendront définitivement au passé.
La vieille dame simple et affable qui avait reçu tant de confidences tout en coupant à la main du vrai jambon à l'os fera désormais partie du folklore et de la petite histoire du quartier.
Les nouveaux propriétaires ont investi les lieux et font des projets rationnels. La future épicière désigne à son mari l'emplacement qu'elle va choisir pour le comptoir des surgelés, tous deux abattent déjà des cloisons dans leur esprit et l'enseigne « Chez Jeanne » cédera bientôt la place à une désignation plus anonyme comportant le mot « Market ».
Ils rient devant les vestiges laissés sur place, le crayon et les bouts de papiers déchirés pour faire les comptes des clients, les boîtes à biscuits ainsi que les papiers gris, et ils remplissent des sacs poubelle.
Ils seront certainement prêts pour ouvrir avant les fêtes de fin d'année.

Écrivez les mots qui expriment ce que vous avez ressenti à la lecture de ce texte. Notez-les, détachés les uns des autres, sans développement ni phrases. Écrivez ensuite votre scribulette, éventuellement sur un autre thème, en utilisant votre ressenti et les mots notés. Utilisez l'outil « Exploiter les informations issues de votre système sensoriel », p. 87.

Au pays des cigales

Enfant, tu t'échappais de ta leçon de géométrie et de « la somme des carrés des deux autres côtés ».

Mini-sieste, douce rêverie. Silence.

Tu tombais assis sur tes talons dans un coin de ta chambre, foudroyé par Le Château de ma mère *et les bartavelles de Marcel Pagnol.*

Et ta mère, justement, qui préparait la soupe du soir pour tes sœurs et toi, ne t'entendait plus. Alors elle montait voir ce que faisait son grand petit garçon.

Elle te découvrait, accroupi comme un mignon crapaud, immobile, en plein voyage au pays des cigales. Tu n'étais là pour personne, tu ne la voyais même pas. Et elle retournait dans la cuisine sur la pointe des pieds.

Adressez-vous à une personne de votre choix, en « tu ». Vous la voyez sans qu'elle vous voie. Laissez affleurer vos émotions.

Mes fleurs

Elle avait quatre-vingt-neuf ans. Sa fille et son beau-fils l'avaient conduite en chaise roulante dans le parc le long de la rivière. C'était le jour de la fête des mères.

Le surlendemain, en pleine nuit, c'était pour elle le grand départ vers son mari, ses parents, et vers les canards qui avaient égayé son dernier après-midi conscient.

J'apprends son décès. Je téléphone au funérarium pour commander des fleurs, m'intéresse à la forme du montage, aux coloris des roses, au prix et au mode de paiement.

Mon interlocutrice me dit : « Vos fleurs seront cet après-midi auprès de Madame. »

À peine ai-je raccroché que j'explose en gros sanglots irrépressibles. Je les attribue tout d'abord au respect contenu dans la formulation utilisée par la spécialiste des deuils.

Un peu plus tard, je réalise que j'ai été connectée à une évidence foudroyante : la dite défunte est en vie, en une autre vie où elle est pleinement présente et va apprécier ma gerbe de roses.

Et aussi, elle n'est pas seule. Mes fleurs l'accompagnent.

Une réaction qui nous surprend, une émotion qui vient nous cueillir dans nos fragilités, nos façons uniques et personnelles d'être nous-mêmes. Racontez un de ces moments et mettez les mots les plus justes pour vous sur ce qui s'est passé là.
Utilisez l'outil « Sentir battre le cœur de votre plume », p. 84.

Cahin-caha

La cuisine semblait avoir connu des jours plus glorieux.
Des éclaboussures graisseuses tachaient le mur au-dessus de la cuisinière. Une odeur rance se dégageait d'un ravier de beurre oublié sur la table recouverte d'une toile cirée grisâtre.
Quatre bols ébréchés étaient empilés sur le bord de l'évier, en attente d'une prochaine vaisselle.
Et des mies de pain, des croûtes de fromage, une cuillère collante de confiture et une insolite et unique petite chaussette rose laissée là, sur une chaise, témoignaient de la vie, la vraie, qui va comme elle peut, qui va cahin-caha.

Décrire, voir et ressentir. Dites ces petites choses à la fois dérisoires et révélatrices concernant un lieu de votre choix. Quel mot insolite allez-vous intégrer à cette scribulette ? Choisissez-le en toute fantaisie.
Utilisez l'outil « Libérateurs de créativité », p. 32.

Lit conjugal

Dans le lit conjugal, elle attend son homme qui traîne à la salle de bains. Il lui vient à l'esprit que ce sont d'ordinaire les femmes qui s'éternisent en ablutions hautement hygiéniques au cas où.
Mais le voici. Il a mis son pyjama bleu pâle à rayures, reprisé, chiffonné, dont l'entrejambe lui descend à mi-cuisses.
Elle n'a vraiment pas envie.

Moi non plus, je n'ai vraiment pas envie. Bon, je me sauve. Allez-y sans moi. Écrivez peut-être au sujet des absences d'envie. De quelles envies ?
Utilisez l'outil « Exploiter les informations issues de votre système sensoriel », p. 87.

Juste moi-même

Envie d'être vraie, d'être juste moi-même, sans autocensure. Envie d'écrire ce qui vient spontanément comme ça. Chercher à dire juste, ôter les garnitures, les emballages. Les mots ronflants, la frime. Me dépouiller de toute recherche d'épate.
Un peu comme si je me montrais sans ma poudre hâlée, sans mes boucles d'oreilles, sans mon bracelet, sans… culotte !
Écrire sans culotte. Je m'imagine, les fesses en contact direct avec la chaise. Sans aucune gêne, me fichant bien du regard choqué de ceux qui auraient compris mon audace et me prendraient pour une folle. Si j'écrivais sans culotte, je dirais tout de suite ce que j'ai sur le cœur, je n'aurais plus peur.

Écrivez une scribulette qui aurait aussi pour titre « Juste moi-même ». Confiez vos propres envies et besoins personnels à votre cahier d'écriture. Hum… avec ou sans culotte. Introduisez un objet symbolique dans votre texte, votre « culotte », pour représenter votre justesse intérieure.
Utilisez l'outil « Sentir battre le cœur de votre plume », p. 84.

Le casque

De gros cheveux, épais et luisants. Noirs de préférence. Et lisses. Pour me faire une coiffure gonflée, protectrice comme un casque.
Mais non. J'ai des cheveux fins et mous, une tête de poussin trois plumes. Et souvent, les hommes qui disaient m'aimer m'ont caressé la tête, et je sentais leurs doigts glisser sur mon crâne sans casque.

Un regret par rapport à votre apparence ? Juste en quelques phrases spontanées, mais bienveillantes si possible. Avec le mot « caresse » quelque part…
Utilisez l'outil « Exploiter les informations issues de votre système sensoriel », p. 87.

Le sourire

Elle souriait, sans aucune présence à elle. Une sorte de rictus de sourire, les yeux écarquillés. Je me disais : « Voilà qui est bizarre. Sourire sans le vouloir, sourire en désaccord. Sourire bêtement. »

J'avais envie de lui demander : « As-tu la secrète envie de faire quelques pieds de nez que tu ne t'autorises pas ? À ton directeur, peut-être ? Vas-y, ma belle. À ton gynécologue, lorsqu'il s'approche, le spéculum à la main ? Fais-toi plaisir. À ta belle-mère qui vient juste de te raccrocher... au nez ? Venge-toi.

Et ensuite laisse-toi fondre de tendresse devant les petits œufs en sucre rose et bleu préparés pour le baptême de ton dernier rejeton... Après les pieds-de-nez, retombe sur tes pieds. »

Accumulation de tensions, absence à soi-même. Besoin de laisser échapper la pression. De ne pas, de ne plus subir. Racontez quelques-uns de ces moments-là où l'on est déconnecté de ses émotions, où il faudrait prendre le temps de s'arrêter, de réagir avant d'avoir sur sa face un rictus de sourire.

Besoin d'une contrainte ? Des mots repérés dans le texte de départ peuvent vous dépanner, s'intégrer à votre scribulette et vous rendre plus créatif.

Utilisez l'outil « Sentir battre le cœur de votre plume », p. 84.

Réparations

Il manie allègrement briques, tuyaux, ciment et pavés. Il n'est pas maçon. Juste chirurgien. Il se plaint de manquer de temps pour ses loisirs : le football, le cinéma, les concerts ne figurent jamais au menu de ses dimanches. Par contre, levé dès l'aube, chaque fin de semaine, il charge une remorque de matériaux indispensables à ses proches : des dalles grises 40 x 40, du bois de chauffage — du hêtre uniquement —, une table à tapisser et des ustensiles divers.

Il tire du lit son frère médusé, organise le travail, distribue les rôles et mène son monde à la baguette douce.

Il enchaîne les réparations. Rien ne lui résiste, ni les fuites d'eau, ni les cloisons à abattre, ni les courts-circuits qu'il appelle des

«courts-jus». Et il s'enfuit dès que l'inévitable proposition de rester pour dîner lui est faite.
Dis donc, toi, qu'est-ce que tu cherches à réparer vraiment?

Nous rencontrons parfois d'étonnants personnages, avec leurs caractéristiques physiques, psychologiques, leurs besoins et leurs désirs. Comme dans cette scribulette. Décrivez, vous aussi, un personnage : comment est-il? que fait-il? quelles sont ses habitudes? ses motivations? Inspirez-vous de quelqu'un de réel pour aller vers quelqu'un qui devient votre création. Introduisez un ustensile ou un objet dans votre texte.
Utilisez l'outil « Libérateurs de créativité », p. 32.

Je ne suis pas fort chaud

C'est ainsi, Papa, que tu étouffais dans l'œuf chacun de mes projets, chacune de mes envies. Rien de ce que je voulais entreprendre ne te plaisait. Tu entrevoyais tout de suite les conséquences dramatiques de mes actions, dont la hardiesse me semblait pourtant bien modérée.
J'accourais près de toi avec mes demandes enthousiastes : aller jouer chez mes cousines, faire seule le trajet jusqu'à l'école, ou m'acheter, sans aucun contrôle de ta part quelques gros chewing-gums roses ou verts au magasin du coin…
Mais le verdict était immuable : «Je ne suis pas fort chaud».
Papa, je n'avais vraiment pas besoin que tu m'imprègnes de tes peurs. Une petite fille grandit lorsqu'on croit en elle.
Le temps a passé et aujourd'hui, je ne puis supporter qu'un homme que j'aime «ne soit pas fort chaud».

De la répression, de la maladresse, de l'incompétence, le poids de leur propre milieu familial… Il en résulte nos blessures et les valises que certains transportent encore. Je vous propose de continuer la phrase : «Le temps a passé…» et d'exprimer comment vous vous sentez maintenant par rapport à des souffrances vécues dans votre jeunesse.
Utilisez l'outil « Sentir battre le cœur de votre plume », p. 84.

Dialogue avec mon ange

— Tu sais quoi ? J'ai entrouvert la petite barrière de bois qui mène au pré.

— Bravo. Il était temps. Quel âge as-tu ?

— …

— Je te malmène un peu. Ne sois pas fâchée. C'est parce que je t'aime.

— Merci. Je te disais que j'ai entrouvert la barrière et maintenant je me sens empotée pour me promener dans la grande prairie.

— Déploie tes ailes. Je vois qu'elles sont un peu racornies, il y a sûrement longtemps qu'elles n'ont plus servi. Mais tu verras, elles vont se fortifier. Et tu iras toujours plus loin.

— Oui, ça, ma tête le sait, mais j'ai ma sérénité à trouver dans le plus vaste, dans les étendues vertes sans limites. Et « sérénité », je ne sais même plus ce que ce mot veut dire.

— Je te reconnais bien là, toujours prête à bondir sur tes peurs. Et si tu lâchais tout ça, te faire confiance, rendre les armes.

— Alors, je n'aurai plus de repères.

— Mais si, voyons ! Un pas à la fois, un jour à la fois. Souris, petite ! Et va vers ta lumière.

Écrivez un dialogue avec un ange ou votre guide intérieur pour résoudre une de vos difficultés de vie. Alternez les prises de parole. Je vous suggère de ne pas réfléchir, de jeter spontanément vos réparties sur le papier. Cette scribulette à deux voix pourra être bénéfique si vous vous parlez avec douceur, tout autofouet écarté. Utilisez l'outil « Sentir battre le cœur de votre plume », p. 84.

Alfredo

Derrière les verres épais de ses lunettes à grosse monture d'écaille, les yeux d'Alfredo cherchent à distinguer les fils électriques à séparer. C'est lui le nouvel ouvrier d'entretien de l'unique école secondaire de notre petite ville.

Il a une bonne tête ronde et grasse, surmontée de cheveux noirs bouclés, déjà parsemés de blancs. Son accent italien est mêlé

*d'intonations wallonnes[1] et les jurons bien de chez nous sonnent
d'une manière particulièrement savoureuse dans sa bouche.*

*Sous la salopette de travail grise, son ventre forme un arrondi qui
tend au maximum le coton délavé.*

*On le croirait jovial et bon vivant au premier abord, mais c'est un
homme rongé par le besoin profond du travail bien fait. Suivre des
consignes ineptes le révolte et la lourde structure administrative avec
les cinq formulaires à remplir pour pouvoir sectionner un fil rouge et
un fil jaune le plonge dans le désarroi.*

*Parfois, je le vois pâlir, son regard se vide. Rêve-t-il à sa Sicile natale ?
À un boulot idéal, mieux payé et où ses qualités seraient reconnues ?
Alfredo ne nous parle pas de ses rêves. Il reprend sa pince coupante
et continue son travail.*

Écrivez à partir du réel, de ce que vous observez de quelqu'un.
Abordez aussi l'aspect psychologique du portrait. Écrivez comme
s'il s'agissait de faire connaître un personnage de roman. Inventez
des caractéristiques.

La meilleure

*J'ai treize ans, des jupes plissées et une queue-de-cheval qui sautille
au rythme de mes pas.*

*Mon professeur de français est une dame rousse d'une quarantaine
d'années à la poitrine imposante, long nez et regard métallique. Elle
porte souvent des robes lignées qui lui ont valu le surnom de « vieille
vache à rayures ». Elle terrorise les gamines écervelées de ma classe,
mais pas moi.*

*Elle m'apprécie, je le sens. Elle aime ma plume spontanée, je le sais,
même si elle n'en montre rien.*

*J'ai pour amie une vraie star du système scolaire, qui rafle tous les pre-
miers prix aux examens de juin. Son étoile a un tel éclat que j'ai peine
à luire, ne fût-ce qu'un peu. Excepté en composition française.*

*Un matin d'automne où la classe somnole sur les difficultés du sub-
jonctif plus-que-parfait, la vieille vache à rayures s'approche de moi,*

---

1. Intonations propres à la Wallonie, située dans la partie sud de la Belgique.

me regarde travailler puis se penche à mon oreille et murmure : « Vous avez écrit la meilleure composition de la classe, bien meilleure que celle de Sylvia. »

Merci, Madame, je vous suis très reconnaissante pour le soin de l'âme que vous m'avez prodigué ce jour-là. Comment aviez-vous compris ?

Aujourd'hui encore, lorsque je doute de ma valeur, j'entends votre voix sèche me souffler ce message essentiel et je vois votre terrible regard métallique posé malicieusement sur moi.

À vous. Respirez calmement, lâchez vos tensions. Donnez-vous le temps de flâner un peu sur les chemins de votre vie. Qui vous a transmis un jour un message essentiel ? Remerciez cette personne. Utilisez l'outil « Sentir battre le cœur de votre plume », p. 84.

En attendant

Il est tendu, proéminent. Le nombril pointe avec ardeur. Bientôt la délivrance.

La jeune femme est toute petite et avec son ventre d'au moins huit mois elle a l'air de piloter un ballon dirigeable. Elle est si belle, en équilibre précaire sur ses hauts talons. Elle pourrait être ma fille. Je me souviens…

Pendant que je revis mon troisième accouchement, la future mère circule dans les rayons du supermarché. Non, elle n'a pas l'air de vouloir regarder la layette, bien qu'elle transporte en elle ce concentré de vie. Elle va vers l'allée « Poudres à lessiver. Détergents ». Avant d'accoucher, elle a peut-être envie de donner un coup de frais aux rideaux de toute sa maison ou d'entreprendre un dernier nettoyage de sa cuisine.

Elle rayonne d'énergie tranquille par-dessus son ventre proéminent. J'ai bien envie de verser une petite larme.

De l'admiration, des sentiments, une certaine pudeur… Évoquez une situation « petite larme ».
Utilisez l'outil « Sentir battre le cœur de votre plume », p. 84.

Le cœur déboussolé

Les chaussures blanches de la fillette sont trop petites d'une demi-pointure mais si belles ! Elle recroqueville un peu ses orteils comprimés pour marcher. Sur le conseil de sa maman, elle a dormi sur le sol dans un sac de couchage à côté de son lit pour ne pas froisser ses draps de lit tout neufs en broderie anglaise. Ainsi ses grands-parents auront un joli coup d'œil en venant voir la chambre tout à l'heure.

Les invités se sont répandus par petits groupes sur la pelouse fraîchement tondue et bavardent, une coupe de champagne à la main. Les bruts affrontent les demi-secs tandis qu'un vrai serveur de restaurant passe avec un plateau de petits fours.

La chevelure du vieux saule pleureur a subi une coupe au carré, au ridicule, au normalisé. Les branches trop courtes de l'arbre confident ne pourront plus atteindre le visage de l'enfant pour le caresser et l'ébouriffer.

La fillette applaudira sagement ses parents quand ils souffleront les bougies sur leur gâteau d'anniversaire de mariage.

Ses chaussures blanches sont trop petites d'une demi-pointure mais si belles !

Envie de parler à cette petite fille ? Écrivez ce que vous lui dites.

L'oseille

Règlement en espèces
La maison ne fait pas crédit
Paiement comptant (qui est content ?)
L'argent n'a pas d'odeur
Écoulez vos liquidités
Ah ! Ces relents d'oseille
Sont écœurants !

D'autres écœurements ? Allez-y. Fort. Osez crier vos dégoûts.
Utilisez l'outil « Sentir battre le cœur de votre plume », p. 84.

© Groupe Eyrolles

Le fou à clochettes

Elle a, niché au plus tendre et au plus fragile d'elle-même, un fou à clochettes, un lutin endiablé qui danse en tutu, chante sur la scène et imite Charlot, pointe des pieds vers l'extérieur, avec dandinements et mouvements de la canne.

Quand elle lâche hors d'elle ce diablotin comique, ce n'est qu'une facette d'elle qui s'exprime, c'est sa partie blessée, qui fait rire aujourd'hui pour oublier les pleurs d'hier.

Dévoilez-vous un peu, exprimez une de vos caractéristiques psychologiques en décrivant les comportements qui l'accompagnent. Essayez la troisième personne pour la mise à distance qu'elle entraîne.

Alphabétisation émotionnelle

Il est des êtres qui ont le don d'estomper les différences, de mettre à l'aise les personnes en difficulté.

C'est le restaurateur qui accompagne le monsieur âgé vers les toilettes, la vendeuse qui présente avec tact des soutiens-gorge à une jeune fille corpulente, la coiffeuse qui signale à une cliente malentendante que son portable vient de sonner dans son sac. Tout cela sans faire sentir à la personne sa particularité.

C'est du grand art, le plus souvent naturel, intuitif, parfaitement intégré. Ça n'a rien à voir avec le niveau d'études, ni l'intelligence.

Ces attitudes souples et respectueuses sont étroitement liées au niveau d'alphabétisation émotionnelle. Inné ou acquis.

D'autres exemples de comportements alphabétisés émotionnellement ? Ajoutez-les à cette scribulette.

Utilisez l'outil « Sentir battre le cœur de votre plume », p. 84.

Photo bleue

— Vous avez bien nagé tous les trois, les enfants. Vous pouvez choisir une sucette.

Nous sommes place Saint-Lambert à Liège. Ils ont encore les cheveux mouillés et s'extasient devant la vitrine d'un confiseur.

Ils font leur choix. Ce sera pour chacun une sucette géante jaune et bleu, représentant Titi ou Grosminet, je ne me souviens plus exactement.
Et tu les vois, là, sur la photo, mes trois petits, le menton barbouillé de salive bleutée.

À partir d'une photo chère à votre cœur… Ce qu'on y voit, ce qu'on n'y voit pas, vos hésitations, vos souvenirs, vos commentaires. Même si la photo est en noir et blanc, n'hésitez pas à exprimer des couleurs. Si vous le souhaitez, mettez-vous à la place d'un des enfants et laissez-le exprimer ce qu'il ressent.

En ce temps-là

Quand ma grand-mère était enfant, elle épongeait la graisse dans le fond de son assiette avec un morceau de pain. Pour ne rien perdre.
Cette économie a fait son temps, ce temps qu'elle appelait « le bon vieux temps ».
Aujourd'hui, j'achète une substance que je n'ose appeler « beurre », à 20 % de matière grasse, avec très peu de cholestérol. Je ne l'éponge pas dans mon assiette et je gratte cette matière molle avec précaution sur ma tartine de pain complet. J'ai peur des kilos.
Les yeux rivés à l'écran TV, mon gendre peut engloutir quatre barres de chocolat.
Grand-mère en suçotait un demi-carré jusqu'à ce que toute saveur ait disparu de son univers sensoriel.
La rareté décuplait le plaisir.

Envie de faire un petit tour dans le passé ? De remarquer des différences ? De constater, de regretter, de préférer ?
Utilisez l'outil « Exploiter les informations issues de votre système sensoriel », p. 87.

Envie de la protéger

J'ai éteint mon ordinateur et me voici en route vers la ville et son marché aux Puces du vendredi. En roulant, je fredonne « Inch Allah ! » en même temps qu'Adamo sur ma radio.

Il y a beaucoup de monde aujourd'hui. Je marche à la recherche de je ne sais pas quoi, un livre, une écharpe, une babiole. Il fait froid. J'ai le nez mauve.

Place Saint-Pholien, je m'approche d'une couverture posée sur le sol, jonchée de livres en tout genre. Il y en a un qui attire plus particulièrement mon attention, il ressemble à un carnet d'écolier, avec une couverture cartonnée rouge et une grande étiquette autocollante sur laquelle est écrit habituellement le nom de l'élève. Ici, rien. Le vendeur m'explique : « C'est un journal intime. La femme est morte, j'en ai huit ou neuf, de ses carnets ! »

Je sens monter en moi une rage désespérée, des sanglots s'étranglent dans ma gorge. Ils ont osé, les salauds ! Ils ont largué le journal intime de leur mère ou de leur tante, ou de… Peu importe. Ils ont osé jeter les petites anecdotes et peut-être les grands secrets d'un être humain, en pâture à n'importe qui. Ou bien le brocanteur a-t-il vidé une maison pour récupérer et mettre en vente tout ce qui pouvait devenir du fric ?

J'ouvre en tremblant le volume exposé, celui de 1988. Sur la première page, la dame a inscrit les noms de personnes célèbres du même signe astrologique qu'elle. Je vois le nom de Pierre Richard. Plus loin je lis : « Aujourd'hui, j'ai remis de l'ordre dans mon classeur de proverbes puis j'ai dîné. Après, j'ai regardé La Roue de la Fortune. » Je lis encore : « Papa est rentré de l'hôpital, il va bien. »

C'est assez ! Je refuse de profaner ce journal intime. Je rentre chez moi.

Je retournerai aux Puces la semaine prochaine pour acheter tous les carnets, je les brûlerai lentement, dans le fond de mon jardin, avec des gestes doux, et je déposerai un petit bouquet de fleurs sur les cendres fumantes.

Choisissez une des propositions d'écriture ci-dessous.

- Le vendeur explique à l'acheteuse potentielle dans quel contexte il a obtenu ces carnets.
- La dame exprime dans un des volumes de son journal intime ce qu'elle veut qu'ils deviennent à sa mort.
- Il reste un fascicule, que le vendeur n'a pas eu. Rédigez-en un passage.

Une autre idée ? Une autre envie d'écriture ? Allez-y, bon sang, c'est vous qui avez la plume en main.

Utilisez l'outil « Sentir battre le cœur de votre plume », p. 84.

Extraits de mon journal intime

J'ai relu ma scribulette Envie de la protéger. J'ai décidé de remplacer « salauds » par « saligauds ». Ça convient mieux, c'est plus caca.

Je suis calme aujourd'hui. Il me vient à l'esprit que c'est peut-être l'auteure elle-même de ce journal intime qui a demandé à ses héritiers de se débarrasser des carnets après sa mort par tout moyen qu'ils jugeraient bon, mais je reste choquée.

Je reste choquée parce que, pour moi, écrire des textes personnels, c'est un acte parfois léger, parfois plus impliquant, à respecter de toute façon.

C'est raconter que je viens de préparer un bouillon de légumes en surveillant sa cuisson afin de préserver les vitamines.

C'est exprimer ma rage et mon impuissance face à la dispersion indiscrète et scandaleuse d'un journal intime.

C'est faire risette à mes petits-fils et caresser leurs joues si douces.

C'est m'écrire en toute confiance, en toute tranquillité pour croître encore.

C'est permettre à d'autres de lire ou d'entendre mes expressions sur page blanche, mais seulement si je suis d'accord.

C'est respecter aussi le besoin des écrivants de s'écrire, de se dire ou de faire silence.

J'aime transmettre l'envie de prendre la plume à toutes celles et ceux qui sont prêts à croire que les mots sur papier ne nous enferment en rien et ouvrent des chemins d'évolution sous nos pas.

À vous d'écrire en commençant par « J'aime… » ou « Je crois… » un de vos plus grands credos où vous laisserez émerger vos émotions profondes.

Utilisez l'outil « Sentir battre le cœur de votre plume », p. 84 et l'outil « Exploiter les informations issues de votre système sensoriel », p. 87.

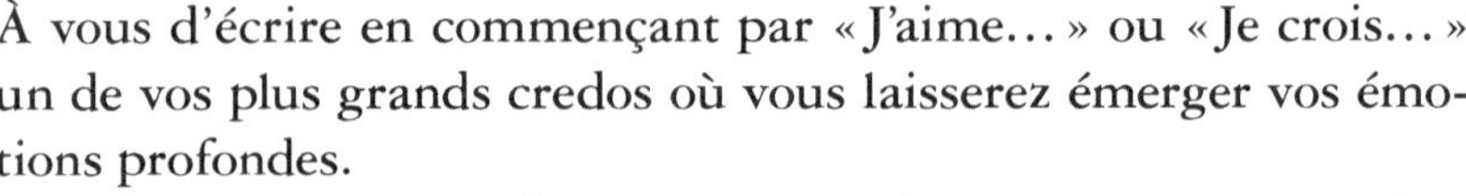

Fin de la cinquième étape

Faites le point si vous utilisez la démarche progressive pour libérer votre écriture par ce livre.

Relisez vos scribulettes de cette cinquième partie et entourez les mots et les phrases qui vous paraissent étonnants ou intéressants par rapport à vos processus créatifs.

Comment vous sentez-vous maintenant vis-à-vis de l'acte d'écrire ?

Écrivez vos constatations et impressions en quelques lignes.

Écrire libre

Débrouillez-vous ! Moi, je me fais toute petite et muette.

Pour chacune des scribulettes de cette partie, je vous invite à choisir vos façons d'écrire, vos outils. Le langage imagé, les mots inventés, l'écriture poétique et tout le bataclan sont à portée de plume.

Les sujets à aborder sont en vous. Vous savez. Écoutez vos envies et vos besoins. Un des textes proposés réveille en vous un grand chagrin ? Si vous vous sentez prêt, exprimez-le, revisitez-le. Ou racontez une histoire dans laquelle un personnage…

Laissez venir les phrases. Avec une confiance absolue en vos ressources, en votre capacité à écrire avec vos propres stimulations, vos déclencheurs et libérateurs d'écriture personnels. À l'écoute de vous-même.

Écrivez libre, avec tous vos outils plumitifs et toutes vos compétences intuitives.

Vous libérer de vos peurs

Des boulets à vos pieds, des boulets à tirer, des boulets à détacher… :

- Premier boulet : les croyances limitantes. Vous vous sentez nul, vous croyez que vous manquez de vocabulaire et d'imagination, bref, votre écriture vous reste en travers de la plume ! Vous vous dites qu'écrire est réservé à une élite intellectuelle à laquelle bien évidemment vous n'appartenez pas. Votre certitude intérieure est que « ça ne va pas aller ». Et vous avez peur.

- Cette méga peur de ne pas bien faire en cache une autre : celle d'être jugé, mal jugé par les autres participants et l'animateur ou animatrice, si vous écrivez en atelier, et de toute façon par vous-même. Donc vous traînez aussi un second boulet : le manque de confiance en soi qui est paralysant et s'accompagne d'une mauvaise estime de soi. L'écriture est alors perçue comme une épreuve, la créativité est coincée, les textes maigrelets et amidonnés.

Quelques pistes

Pour détacher vos boulets, il est essentiel de faire taire en vous toutes les voix critiques : les vôtres et celles de vos anciens professeurs, de vos parents et de toute personne ayant participé à l'émiettement de la confiance en vous.

Il importe aussi de vous lâcher, de vous abandonner à l'acte d'écrire sans vous comparer à d'autres, dans le non-jugement et la bienveillance.

Partez tranquille à la rencontre de votre voix écrite, personnelle, unique au monde. Et détachez vos boulets[1].

---

1. Pour en savoir plus, voir en bibliographie, *Estime de soi, confiance en soi*, par Josiane de Saint-Paul.

Ses amis les oiseaux

Ma plume avait quitté la page. Et elle était revenue près de ses amis les oiseaux. Elle voulait les remercier d'avoir offert, tout comme elle, des parties d'eux si essentielles et si constitutives, logées à un endroit vital de leur personne, leur postérieur, leur petit derrière, désormais tout plumé. Oui, elle leur disait merci pour ces dons de soi, qui ouvraient largement à des écrivains hommes ou femmes et à de simples écrivants des espaces infinis pour se dire, dire le monde, hurler, rire et aimer.

La soupe aux frites

Ma mère était une belle femme vive au teint mat, dont les colères et les joies éclataient souvent sans prévenir. Elle préparait, quand j'étais enfant, d'authentiques potages maison selon une recette unique en son genre. Elle avait pris l'habitude d'accumuler dans un saladier entreposé au frigo des restes de pommes de terre frites du repas de midi, qu'elle refusait d'éliminer en souvenir des privations de la guerre.
Au bout d'une huitaine de jours, elle faisait un potage aux poireaux ou à la tomate. Elle cuisait les légumes découpés sans oublier d'y ajouter les fameuses frites, racornies et enrobées de graisse durcie. Avec un ustensile qu'elle appelait son «passe-vite», elle moulinait de ses beaux bras blancs les ingrédients bouillis, qui tombaient mollement, en purée nauséabonde dans l'eau devenue huileuse. Elle transvasait alors ce breuvage dans une soupière en faïence qu'elle déposait avec autorité sur la table de la salle à manger. Ni mon père, ni ma sœur, ni moi n'osions protester.
Aujourd'hui encore, mon nez et mon cœur reconnaîtraient entre mille l'étrange odeur rance des soupes de ma jeunesse.

Nous déclarons la guerre

Je veux vaincre
Tu te bats
Elle attaque
Nous déclarons la guerre
Vous luttez
Ils s'entretuent

Le monde est plein de battants, lutteurs et lutteuses, jusqu'auboutistes, acharnés à vouloir obtenir de la vie ce qu'ils ne sont pas encore capables de recevoir avec fluidité et gratitude.

Lorsqu'ils quitteront leur logique de combat et qu'ils déposeront les armes, peut-être alors leurs attentes seront-elles satisfaites.

Chaque chose vient en son temps le plus juste. Et parfois pas du tout.

Ils sont partis

Ouf!

Exploiter presque sans malice l'indulgence des grands-parents complices.

Enfoncer énergiquement sa tartine au jambon dans le bol de café au lait sucré et pomper la mie brunâtre gorgée d'étranges saveurs.

Quitter la table sans raison, y revenir à volonté, s'appuyer sur les coudes.

Ne pas se laver les mains après le repas sauf si grand-père et grand-mère semblent sur le point de piquer une crise d'autorité.

Donner des baisers mouillés sur leurs joues ridées.

Crier aigu sans risque de déplaire.

Puis voir arriver la voiture des parents et leur sauter au cou.

Déréglée

Elle a l'impression d'être une vieille horloge déréglée. Elle est là dans ce village de montagne hypertouristique — supermarché, paniers pique-nique tout préparés relookés en boîtes à lunch, boutiques de souvenirs — et elle subit les flonflons d'un 14 juillet sur la place de la mairie, avec bal musette et lampions, drapeaux bleu blanc rouge et vin de Savoie.

Une vieille horloge déréglée.

Comment s'est-elle laissé mener, malgré sa justesse intérieure et sa solidité proverbiale vers des dérives multiples sombrement alcoolisées ? Pendant tant d'années…

Aujourd'hui, elle se trouve aux frontières d'elle-même, une étrangère à la voix rocailleuse de grande fêtarde, échouée ici, en attente d'un nouveau départ.

Allô ?

Sa vie était aux abonnés absents
Mais elle est revenue chez elle
Et elle reprend elle-même les communications

Mathilde

Je l'ai retrouvé par hasard. Il était brodé d'un M majuscule d'écriture manuscrite. Un beau M à deux pointes jumelles, avec une boucle à gauche et une à droite. Le mouchoir bleu de ma grand-mère, de Mathilde. Je l'ai lavé, repassé avec soin et donné avec une grande tendresse de transmission à ma fille Marie. Qui utilise des mouchoirs en papier.

La Ferme du Bonheur

— Tu as aimé, toi, ton séjour à la Ferme du Bonheur avec un grand F et au moins trois B majuscules ?
— Oui, mais j'ai déjà compris que toi pas !
— C'est vrai. Tu sais, moi, le style retour au temps passé, les antiquités, les vieux fers à repasser ou les moulins à café anciens, ça me désole un peu. Même les menus avec l'incontournable Potée Grand-mère…
— Nos enfants nous ont fait une sale blague alors, selon toi, avec ce cadeau d'anniversaire de mariage ?
— Mais ils ne savaient pas, ils n'y étaient jamais allés !
— Dis donc, j'ai pourtant apprécié, moi, de me retrouver enlacé avec toi sur un vieux banc en bois tout vermoulu. Je revivais mes émois d'il y a… combien déjà ?
— Au moins trente ans. Une minute de silence pour les deux petits vieux, ici.
— Écoute. J'en ai assez de t'entendre grincer et grincher sans arrêt. Par moments, j'ai l'impression d'avoir épousé une vieille scie rouillée. Tu es une tête de mule, toujours prête à critiquer et à te moquer de tout.
— La vieille tête de mule a pourtant une certitude. Malgré son ironie perpétuelle, elle t'aime encore.

Une envie retrouvée

J'ai retrouvé une envie qui s'était égarée dans les embrouillaminis de ma vie. L'envie de faire des confitures, dans de jolis pots en verre avec un couvercle garni de tissu à fleurs ou à carreaux. Pas trop cuites. Aux fruits rouges bien rouges.

Les confitures, pour moi, c'est comme le pain : de l'amour. C'est la marque du soin que je prends de ceux que j'aime. J'y mets de la maman qui est en moi et un peu de cette gourmandise qui me fait plonger un index curieux dans la marmite pour savoir si c'est bon.

Merci, la Vie, toi qui m'as remis la cuillère en bois dans la main et m'a rendu une valeur essentielle à mon cœur.

Le lobe de l'oreille

Elle est venue me lécher le lobe de l'oreille en vraie séductrice. Vous ne la connaissez pas ? C'est ma prof de français intérieure ! Pourquoi elle a fait ça ? Eh bien, parce qu'elle voulait me reconquérir. Moi, je ne voulais plus d'elle. Trente ans de cohabitation m'avaient lassée et je découvrais avec excitation d'autres compagnes de vie. Je l'avais purement et simplement évincée. Elle m'a dit qu'elle en souffrait, qu'elle pouvait encore me rendre des services.

Je l'ai écoutée et serrée dans mes bras. Je lui ai demandé de m'aider à structurer le livre que j'écris. Elle a accepté ce rôle. Je lui ai précisé que je ne voulais rien de plus et surtout pas de bic rouge frétillant ni de savoirs exhibés.

Je l'ai félicitée d'avoir osé protester et remerciée de m'avoir fidèlement servie tant d'années.

Elle fait son travail comme prévu, sans excès de zèle. Elle encourage ma créativité, ne s'excite pas lorsque quelqu'un me demande ce que je pense de l'orthographe des «jeunes d'aujourd'hui».

Je me suis réconciliée avec ma prof de français intérieure et finalement je lui souhaite encore longue vie.

Les sourires de ma plume

Ma plume sourit quand je la laisse libre de confier au papier les étincelles d'enfance qui m'habitent.

Ma plume sourit quand elle peut glisser en douce à mon âme meurtrie : « Chaque chaos a ses étoiles. »

Ma plume sourit quand je lui raconte mes souvenirs de voyages, de gratte-ciel et de gros hamburgers d'où giclent des oignons frits.

Ma plume sourit quand elle est entourée de plumes amies qui s'encanaillent et osent. Alors ma plume va jusqu'à pouffer de rire. J'ai souvent la plume qui pouffe.

Quand je relis mes textes, je n'oublie jamais de remercier ma plume.

Fin de la sixième étape

Faites le point si vous utilisez la démarche progressive pour libérer votre écriture par ce livre.

Je vous invite à dessiner un arbre ou une forme symbole susceptible de représenter le processus dans lequel vous avez œuvré tout au long des pages de ce livre.

Ajoutez à l'arbre ou au dessin de votre choix des mots forts ou des mots doux, des mots positifs pour votre écrévolution personnelle.

Bibliographie

ARCHAMBAULT Guy, *La gamme des émotions*, Face à Face, 1998.

ATLAN Corinne et BIANU Zéno, *Haïku du XXe siècle, Le poème court japonais d'aujourd'hui*, « Poésie », Gallimard, 2007.

BASSMANN Lutz, *Haïkus de prison*, Verdier, 2008.

BUCKLEY Helen E., *Le petit garçon*, poème anglais traduit par Aude Limet, in *Pratiques d'éducation nouvelle*, GBEN, 1995.

CARQUAIN Sophie, *Cent histoires du soir*, Marabout, 2000.

CAYROL Alain et DE SAINT-PAUL Josiane, *Derrière la Magie. La Programmation Neuro-Linguistique*, InterÉditions, 2000.

COSTA Philippe, *Petit manuel pour écrire des haïkus*, Philippe Picquier, 2000.

COSTERMANS Dominique, *Des provisions de bonheur*, Luce Wilquin, 2003.

CUNNINGHAM Bailey, *Mandala, Voyage vers le centre*, Le Courrier du Livre, 2002.

DE BONO Edward, *Comment avoir des idées créatives*, Leduc. S, 2008.

DECHANCE Jacques, *Une créativité à toute épreuve*, Le Souffle d'Or, 2003.

DELERM Philippe, *La première gorgée de bière et autres plaisirs minuscules*, Gallimard, 1997.

© Groupe Eyrolles

113

DE SAINT-PAUL Josiane, *Estime de soi, confiance en soi,* InterÉditions, 2004.

DE SAINT-PAUL Josiane et TENNENBAUM Sylvie, *L'esprit de la Magie. La PNL,* InterÉditions, 2005.

DUFOUR Michel, *Allégories II,* Les éditions de l'Homme, 1999.

ERNAUX Annie, *Journal du dehors*, « Folio », Gallimard, 1993.

ERNAUX Annie, *Les années,* Gallimard, 2008.

FAUCHEUR Jean, STEPHAN Brigitte et BARAUD Didier, *Le slam, poésie urbaine*, Mango, 2007.

FÈVRE Louis, *Contes et métaphores*, Chronique Sociale, 2004.

FILLIOZAT Isabelle, *Que se passe-t-il en moi ?* Jean-Claude Lattès, 2001.

GIROD Antoni, *La PNL*, InterÉditions, Dunod, 2007.

GOLDBERG Natalie, *Les italiques jubilatoires*, Le Souffle d'Or, 2000.

GOLEMAN Daniel, *L'Intelligence émotionnelle*, J'ai lu, 2003.

GORDON David, *Contes et métaphores thérapeutiques*, InterÉditions, 2002.

KAVIAN Eva, *Écrire et faire écrire*, De Boeck, 2007.

KEROUAC Michel, *La métaphore thérapeutique et ses contes*, MKR éditions, 2000.

KRISTOF Agota, *C'est égal,* « Points », Le Seuil, 2005.

JOBIN Anne-Marie, *Le Journal créatif*, Éditions du Roseau, 2002.

JOBIN Anne-Marie, *La Vie faite à la main*, Éditions du Roseau, 2006.

JOBIN Anne-Marie, *Fantaisies et Gribouillis*, Éditions du Roseau, 2008.

LERNER Isha et Mark, *Les Cartes de l'Enfant Intérieur*, Le Souffle d'Or, 1999.

Logist Karel, *Si tu me disais viens et autres poèmes,* Ercée, 2007.

Malinconi Nicole, *Nous deux. Da Solo,* Labor, 2002.

Malinconi Nicole, *Jardin public,* « La Littéraire », Le Grand Miroir, 2005.

Morel Corinne, *Dictionnaire des symboles, mythes et croyances,* L'Archipel, 2004.

Morel Denise, *12 étapes pour écrire votre livre,* Scriban, 2005.

Nimier Marie, *La reine du silence,* Gallimard, 2004.

Noguez Dominique, *Les trente-six photos que je croyais avoir prises à Séville,* Maurice Nadeau, 1993.

Nys-Mazure Colette, *Enfance portative,* Esperluète, 2000.

Orsenna Érik, *La grammaire est une chanson douce,* Stock, Le Livre de Poche, 2001.

Pennac Daniel, *Chagrin d'école,* Gallimard, 2007.

Revault Jean-Yves, *La guérison par l'écriture,* Jouvence, 2003.

Rodari Gianni, *Grammaire de l'imagination,* Rue du Monde, 1998.

Samson Guy, *Soyez créatifs,* Éditions Québecor, 2000.

Saumon Annie, *Aldo, mon ami et autres nouvelles,* « GF » Flammarion, 2002.

Schoemperlen Diane, *Tendres morsures,* « Littératures », Autrement, 2002.

Stachak Faly, *Écrire, Un plaisir à la portée de tous,* Eyrolles, 2004.

Tournier Michel, *Petites proses,* « Folio », Gallimard, 1986.

Tournier Michel, *Journal extime,* « Folio », Gallimard, 2004

Table des matières

Préface 1

Introduction 3

Comment vous orienter dans ce livre 7

En route vers l'écriture 9

Première étape – *Vous ouvrir à l'écriture* 13

Boîte à outils

La relaxation 14

Écrire en atelier ou en groupe 16

Lire votre texte à haute voix 18

Empiler vos succès 20

Scribulettes

Frisson de bonheur 22

Empreintes 22

Solitude glacée 23

Libre 23

Doucement 24

Houp tata 24

Ma burette 25

Pâquerette 25

Étoiles de cœur pour la route 26

Post-it 28

Plantes vertes 28

Deuxième étape – *Stimuler votre créativité* 31

Boîte à outils

    Libérateurs de créativité 32

    Inventer des mots 34

    Donner un autre sens à un mot 36

    Vous exprimer de façon imagée 37

    Je ne suis pas inspiré 39

    La visualisation créatrice 41

    À vos crayons 42

Scribulettes

    Des poils et une sandalette 44

    La colbiche 44

    Des rampes de lancement 45

    Ingrédients pour salade folle 45

    Le voile de la mariée 46

    Les bisoutés 47

    Traces d'amour 47

    Bien-être 48

    Mon âme 48

    Définition 48

    Le bain de nuages 49

    Radis noirs 49

    Maxime 50

    Pas encore 50

    Mes crayons de couleur 51

    Naissance 52

**Troisième étape – *Raconter vos histoires
et des histoires (auto)-aidantes*** 55

Boîte à outils

    Réalité et fiction 56

    Comment raconter vos histoires 57

    Comment raconter des histoires (auto)-aidantes 58

Scribulettes

Sonné	61
Elle est prête	61
Le portefeuille frétillant	62
Le gant vert	62
La Tarzane	63
La salopette rouge	63
Frustrations	64
Mon village	65
L'empereur Cherchesens	65
Dommage. Bravo	66
Et hop !	67

Quatrième étape – *Vous familiariser avec l'écriture poétique* ... 69

Boîte à outils

La créativité poétique	70
Écrire des haïkus	72
Essayer le slam	73

Scribulettes

Orange saumon potiron	74
Chatons	74
La carte postale	74
Rien qu'une	75
Petit têtard	76
Et ouf	76
Souhaits	77
Poireaux	77
Créativité	77
Dunes	78
Spectacle	78
Plume	79

Une orange magnifique 79
Sortir les mots 80

**Cinquième étape – *Exprimer vos ressentis
et votre monde intérieur*** 83

Boîte à outils

Sentir battre le cœur de votre plume 84
Coup d'œil sur différents regards 86
Exploiter les informations issues de votre système sensoriel 87

Scribulettes

Le cœur déboutonné 88
Synchronisés 88
L'épicerie 89
Au pays des cigales 90
Mes fleurs 90
Cahin-caha 91
Lit conjugal 91
Juste moi-même 92
Le casque 92
Le sourire 93
Réparations 93
Je ne suis pas fort chaud 94
Dialogue avec mon ange 95
Alfredo 95
La meilleure 96
En attendant 97
Le cœur déboussolé 98
L'oseille 98
Le fou à clochettes 99
Alphabétisation émotionnelle 99
Photo bleue 99
En ce temps-là 100

Envie de la protéger 100

Extraits de mon journal intime 102

Sixième étape – *Écrire libre* 105

Boîte à outils

Vous libérer de vos peurs...................................... 106

Scribulettes

Ses amis les oiseaux 107

La soupe aux frites 107

Nous déclarons la guerre 107

Ils sont partis 108

Déréglée 108

Allô ? 109

Mathilde 109

La Ferme du Bonheur 109

Une envie retrouvée 110

Le lobe de l'oreille 110

Les sourires de ma plume 110

Bibliographie 113